valencia

Fotografien **RICARD PLA:** 4, 6, 7, 9, 14, 15, 16, 17, 18, 19, 23, 24, 26, 30, 31, 32, 33, 34, 38, 40, 41, 42, 44, 45, 46, 47, 52, 53, 54, 55, 56, 57, 58, 60, 62, 63, 64, 65, 66, 69, 70, 71, 72, 73, 74, 75, 77, 78, 79, 80, 82, 83, 84, 86, 87, 90, 91, 92, 95b, 97, 98, 99, 100, 101, 102, 104, 105, 106, 107, 108, 109, 110, 113, 114, 119, 120a, 122, 123, 124, 125, 126, 127, 128, 130, 132, 134, 135, 136, 138, 139, 142, 146, 148, 149, 150, 151, 152, 153, 154, 155, 157, 160, 161, 162, 163, 165, 179, 180, 181, 187, 193, 198, 201, 204, 205b, 205c, 205d, 207a, 214 **LUCAS VALLECILLOS:** 12, 22, 36, 49, 81a, 81c, 81d, 88, 89, 96, 112, 145, 167, 169, 171, 173, 177a, 189, 190b, 190c, 227, 228a, 229, 232, 234a, 238 **JOAN M. LINARES:** 21, 25, 28, 37, 48, 50, 59, 68, 94, 115, 116, 137, 140, 141, 168, 183, 203, 205a, 209, 216 **LAIA MORENO:** 20, 29, 51, 81b, 95a, 147, 226, 228b, 231, 234b, 237, klappe **KAI FOSTERLING:** 131, 206, 210, 212, 213, 215, 219, 225, 235 **JAVIER YAYA:** 185, 186, 188, 190a, 191, 192, 194, 195, 196 **MATEO GAMÓN:** 27, 67, 202, 207b, 221, 222, 223 **NICOLAS RANDALL:** 143, 174, 175, 177b **PERE VIVAS:** 76, 118, 120b, 121 **JORDI PUIG:** 103 **MIGUEL RAURICH:** 172 **JAUME SERRAT:** 159 **TINO SORIANO:** 233 **RAFA PÉREZ:** portal

Text **JAIME MILLÁS**

Übersetzung **BABYL TRADUCCIONES**

Gestaltung **JOAN BARJAU**

Druk **IGOL, S.A.**
3-2009

Alle Rechte Vorbehalten B-29439-2007

ISBN 978-84-8478-196-7

Unser Dank geth an: AYUNTAMIENTO DE VALENCIA • IVAM, INSTITUT VALENCIÀ D'ART MODERN • MUVIM, MUSEU VALENCIÀ DE LA IL·LUSTRACIÓ I DE LA MODERNITAT • MUSEO NACIONAL DE CERÁMICA Y DE LAS ARTES SUNTUARIAS "GONZÁLEZ MARTÍ" • JARDÍ BOTÀNIC DE LA UNIVERSITAT DE VALÈNCIA • CIUDAD DE LAS ARTES Y LAS CIENCIAS

TRIANGLE POSTALS, SL
Carrer Pere Tudurí, 8 • 07710 Sant Lluís, Menorca
Tel. +34 971 150 451 / +34 932 187 7 37 • Fax +34 971 151 836
www.triangle.cat

VALENCIA

Text
JAIME MILLÁS

Fotografien
RICARD PLA | LUCAS VALLECILLOS | JOAN M. LINARES | LAIA MORENO
KAI FOSTERLING | JAVIER YAYA | MATEO GAMÓN | NICOLAS RANDALL | PERE VIVAS
JORDI PUIG | MIGUEL RAURICH | JAUME SERRAT | TINO SORIANO | RAFA PÉREZ

TRIANGLE POSTALS

PLAZA
DEL
ESPARTO
D. R. CAÑIZARES
MARRASQUINO CARMEN

Eine mediterrane Stadt

Die romanischen Siedler gründeten Valentia auf einer kleinen Insel, umgeben von einem Arm des Flusses Turia im Jahre 138 v. Chr. Am Rande der Handels- und Militärstrecke Via Augusta befindlich, die die kaiserliche Hauptstadt Rom mit Cádiz verband, bot diese städtische Enklave seinen neuen Besetzern fruchtbare Erde und leichte Expansionsmöglichkeiten aufgrund ihrer Nähe zum Mittelmeer, der reichlichen Wasservorkommen, der Anbindung an die Verbindungsstrecken, die im Süden und Landesinneren der Halbinsel verliefen, sowie des großes Küstengebiets, das sich zur Besiedelung anbot, nah dem, ebenfalls römischen, bedeutenden Stadtkern von Saguntum.

Der Einfluss der Romanisierung spielte eine entscheidende Rolle für die Stadtentstehung, bis die Dekadenz einsetzte und das Eindringen der Germanen den Verfall des Imperiums noch verstärkte. Nach der Episode der Westgoten, die in der Stadt die eine und andere Spur hinterließen, beginnt für Valencia eine lange und intensive Etappe mit den Arabern, welche im Jahre 718 mit einer friedlichen Besetzung des valencianischen Territoriums beginnen und es bis zur Eroberung Valencias durch die Christen im Jahre 1238 nicht wieder verlassen. Obwohl keine bedeutenden Spuren islamischer Denkmäler verblieben sind, spiegelt sich diese Tradition noch bis heute in der Art des Bewässerungssystems und des Agraranbaus, in der Gastronomie, der Lebensart und Denkweise, im Stadtentwurf und in der Ortsnamenskunde.

Die arabische Stadt stand für ein tolerantes Klima zwischen Christen und Juden, denen es untersagt war, ihre Sprache zu sprechen und ihre eigene Religion auszuüben. Die Ausdehnung, beeinflusst durch die beachtliche Macht des Emirats von Córdoba, ließ die Stadt der drei Kulturen wachsen. Mit der Aufteilung in königlichen Taifas, islamische Teilreiche, begann die arabische Macht zu zersplittern und wurde geschwächt. Valencia stellte ein lohnenswertes Ziel für die erneuten Einfälle spanischer Christen dar, zu einer Zeit, als die Stadt im Jahre 1093 durch den legendären Ritter El Cid erobert wurde, der sie auserkoren hatte, um sich von seiner Verbannung aus Kastilien zu erholen. Neun Jahre später befand sich die Stadt erneut unter der Herrschaft der arabischen Almoraviden.

Nachdem der Eroberung der vor der valencianischen Küste befindlichen Insel Mallorca, marschierte der aragonesische König Jakob I am 9. Oktober 1238 in Valencia ein und ernannte sie zur Hauptstadt des Königreiches Valencia, das zur Krone Aragoniens gehörte und autonome Richtlinien und Parlament besaß. So schuf dieser König die politischen und sozialen Grundlagen, die Valencia im 15. Jahrhundert zur wichtigsten Hauptstadt des europäischen Mittelmeerraumes heranwachsen ließen, mit einer bedeutenden Demographie und Wirtschaftstätigkeit, einer unumstrittenen Politik und einer herausragenden Entwicklung der Künste und Geisteswissenschaften. Dieses Jahrhundert gotischer Pracht hat eine eindrucksvolle Spur in der Stadt hinterlassen; eine Spur, die sich dem Besucher in unzähligen städtischen Schauplätzen offenbart und ihn an Postkarten aus anderen, nicht weit entfernten Mittelmeerstädten in Spanien und Italien erinnern.

Mit der Renaissance verschiebt sich die Vorherrschaft Europas auf italienischen Boden und Valencia erlebt eine wirtschaftliche Regression, verstärkt durch gesellschaftliche Bewegungen, die denen der Monarchen und den Adeligen der Stadt entgegengesetzt waren. Bis Ende des 19. Jahrhunderts erfährt die Stadt am Turia keine Phase des Wachstums und sozialer Popularität mehr. Nach seiner goldenen mittelalterlichen Epoche und einer langen historischen Phase, der es jeglichen Antrieb mangelte, konnte dieser Prozess seine Vorzeichen ändern dank der Industrialisation, dem Export von Zitrusfrüchten, der Wertschätzung der eigenen Sprache und der valencianischen

Die Fundstätte der Almoina zeugt von der römischen, westgotischen und arabischen Identität Valencias

 Stich von A. Guesdon, Valencia aus der Vogelperspektive, um 1858. Huguet-Archiv, Sammlung L. Giménez Lorente

LA ESPAÑA
XX

Traditionen sowie dem Streben, die Stadtmauer niederzureißen, um das Wachstum der Stadt zu fördern. Die heutige Stadtplanung, oft gekennzeichnet durch den Geschmack und die technischen Materialien der Moderne, stammt aus diesen Jahren.

Eine Hochwassertragödie im Oktober 1957, als der Turia im Innenstadtbereich über seine Ufer trat, zwang die Stadt zu einer erneuten Lethargie. Doch wie bekannt erwächst aus einem Unglück immer auch die Kraft, es zu überwinden. Mit dem sogenannten Südplan wurde der Fluss aus der Stadt hinausverlegt, damit er sie nie wieder zerstören könne und man entschied, in seinem Flussbett Bäume, Blumen und Sportplätze anzulegen.

In eben diesem alten Flussbett wächst jetzt die Stadt des neuen Jahrtausends heran. Die Ciudad de las Artes y las Ciencias (Stadt der Künste und Wissenschaften) nimmt mit dem Valencianer Santiago Calatrava, einem Architekten, der seine erste akademische Ausbildung in dieser Stadt erhielt, an der erneuten Herausforderung teil, Valencia in die Reihe großer weltweit bedeutender Stadtkunstwerke zu gliedern. Des Weiteren setzt sich diese Großstadt stark dafür ein, eine Weltstadt der Möglichkeiten für innovative Forscher zu sein, die das Gebiet der Biomedizin revolutionieren.

Aufgrund ihrer Geschichte ist Valencia zu einem aufgeschlossenen, mediterranen und kosmopolitischen Ort gewachsen, zusammengesetzt aus verschiedenen Milieus, die die jeweiligen Epochen widerspiegeln und gezeichnet von Räumen unterschiedlichster, ja oft gegensätzlicher Stile. Der Besucher hat die Möglichkeit, die Stadt zu durchschreiten, um sich die verschiedenartigen kulturellen Sehenswürdigkeiten vor Augen zu führen und um zu erkennen, dass das Leben einer Stadt sowohl von seinen berühmtesten Herausforderungen als auch seinen Miseren geschrieben wurde. Das wechselhafte Bild dieser Stadt hat bewirkt, dass die Ansicht auf seinen traditionellen Postkarten durch eine andere ersetzt wurde. War es vor Jahren noch der gotische Micalet-Glockenturm, ist es heute die gewaltige, von Calatrava erbaute Ciudad de las Artes y las Ciencias.

◄ *Die Stadt der Künste und Wissenschaften*

DAS HERZ VON VALENCIA

◄
Bei Tag und bei Nacht verführt das gotische Zentrum den Besucher

Die ersten ausländischen Reisenden, die Valencia im 18. Jahrhundert entdeckten, zeichneten sie als eine Metropole der Brücken und Glockentürmen, eine Stadt der Gärten, Paläste, Kirchen und Klöster. Der Franzose Victor Hugo malte sie sich mit hundert Glockentürmen aus. Vom Micalet aus konnte man den Horizont des entfernten Meeres beobachten. Die Zinnenwerkstruktur bot dem Besucher eine sichere Stadt, umgeben von Aussiedlerhöfen und Bauernhöfen, die das Land mithilfe von Bewässerungsgräben bewirtschafteten.

Das historische und tatsächliche Stadtzentrum, das hinter den Zinnen versteckt liegt, präsentiert sich dem heutigen Besucher gegliedert in sechs Viertel, die den wahren Charakter der Stadt bewahren. Der kreisförmige Raum, umgeben von einer Umgehungsstraße, die vom Bus Nummer 5 befahren wird, ist Zeuge einer der größten Stadtentwürfe Europas, die nach beinahe zwei Jahrtausende noch existieren.

Der älteste und Aufsehen erregendste institutionelle Schauplatz der göttlichen und irdischen Macht steht im Stadtviertel La Seu, einem Bereich der sich in Richtung Xerea projiziert, dem Judenviertel und der arabischen Vorstadt. Der Lebenspuls von diesem, innerhalb der Mauern liegenden Teil Valencias befindet sich immer noch im Bereich des Mercat, auf dem sich der gotische Handel und modernistische Markt gegenüberstehen. Sant Francesc wurde dieses großräumige Klostergelände genannt, auf dem heute das Rathaus und sein Umfeld stehen. Die altertümliche Stadt weitete sich gen Süden aus, als der Flussarm, der sie umgab, ausgetrocknet wurde und nahm den Platz ein, den vorher Gärten und von der Privatisierung betroffene Gebäude eingenommen hatten. Das Kunsthandwerk und die Mittelschicht blühten in den Stadtvierteln Carme und Velluters, in engen und schmalen Gebäuden, die oftmals nicht dem Lauf der Zeit standhalten konnten. Diese fünf Namen umfassen den städtischen Rahmen, der auf den folgenden Seiten ausgeführt wird.

◄

Im historischen Stadtkern ist die Lebensform eines Stadtviertels intakt

►

Aus den engen Gassen und den Balkons beider Seiten, die sich fast berühren, ragt der gewaltige Micalet hervor

 An den Türen der Häuser der gehobenen Klasse hängt damals wie heute das beste Kunsthandwerk

SANT JAUME
CARRER DELS CAVALLERS
51

Die Stadtmauern

Über einen Zeitraum von acht Jahrhunderten, vom 11. bis Mitte des 19. Jahrhunderts, war Valencia stets durch eine Stadtmauer geschützt. Wenn der Besucher in den Bus Nummer 5 steigt, kann er eine Rundfahrt um die alte Stadtmauer machen. Das symbolische Bild des Altstadtzentrums, Citutat Vella genannt, ist durch mehrere konzentrische Kreise markiert, deren Mittelachse der Micalet ist und deren Extrempunkte der Achsenstrahlen die Bezirksgrenzen sind.

Heute sind nur noch Reste dieses großen zivilen Bauwerks übrig, das von der Fábrica de Murs e Valls mit den Erträgen des Weizenhandels gebaut wurde. Von der robusten arabischen Mauer, die der König der Taifas Abd al-Aziz bauen ließ, sind noch die Reste vom Portal de Valldigna in der gleichnamigen Straße übrig geblieben sowie Mauer- und Turmruinen, die in angrenzenden Straßen zu finden sind.

Der König Peter IV. der Zeremoniöse entschied um 1356, die Außenbezirke durch eine neue Mauerführung in die Stadt zu integrieren, die die arabische Fläche verdreifachte. Er bereitete so die große christliche Stadt vor, die im folgenden Jahrhundert ihr goldenes Zeitalter feierte. Ihre verschiedenen Eingänge waren von unzähligen Türmen und Toren geschützt, die die Stadt nachts vollkommen von der Außenwelt abschloss.

Der Haupteingang waren die Torres de Serranos, deren künstlerische Qualität sie beinahe zu einem Triumphbogen machen. Die Reisenden aus Katalonien und Aragón kamen über diesen Weg in die Stadt.

Die Valldigna-Pforte war ein Teil der nun verschwundenen arabischen Stadtmauer

NOSTRA·DONA
DE·LA BONA·SON
PREGUEU·PER·NOS
PORTAL
DE·VALLDIGNA

Der Zugang zum Carmen-Stadtviertel durch die Torres (Türme) de Quart

An den Torres de Quart sind noch die Einschläge der französischen Artillerie aus dem Jahr 1808 zu sehen

Pere Balaguer schuf die Türme im Jahre 1391, dem Model des Klosters Poblet folgend. Die oberen Räume dienten als Gefängnis für Adelige. Während des spanischen Bürgerkriegs von 1936 dienten sie als Lager für das künstlerische Erbgut Spaniens, dass aufgrund der franquistischen Belagerung aus Madrid geschafft wurde. Ein weiteres großes Zeugnis der alten Stadtmauer sind die Torres de Quart, die dem Tor des Castel Nuovo in Neapel ähnelt. Der Baumeister Pere Bofill schuf sie im Jahre 1444. In seinen Mauern kann man noch die Durchbrüche französischen Granatfeuers von 1808 sehen.

Barcelona

 Die gotischen Wasserspeierfiguren zeugen von einer Welt voller Geheimnisse

 Die Serranos-Türme schauen in Richtung Norden; sie bildeten den elegantesten Eingang zur mittelalterlichen Stadt

Der Palau de la Generalitat

Auch dieses reizvolle gotische Gebäude wurde über viele Jahre gebaut. Die Arbeit wurde 1418 aufgenommen und 1952 beendet. Der älteste Teil ist der Turm, der auf den Plaza de la Virgen geht sowie der Hauptkörper. Der jüngste ist der im 20. Jahrhundert erbaute Turm, eine Imitation des Originals, der das Gebäude erweitern sollte.

Als Regierungssitz der Gemeinde Valencia repräsentiert der Palau zeitlich gesehen die Weiterführung der partikularrechtlichen Geschichte, die im 13. Jahrhundert mit der Entstehung des valencianischen Königreiches und der Ernennung der Stadt zur politischen und Verwaltungshauptstadt dieses Königreichs durch den aragonesischen König Jakob I. begann. Aus diesem Grund sind im Salón de Cortés, unter einer wunderschönen Holzgalerie, die verschiedenen politischen Bezirksvertreter der mittelalterlichen partikularrechtlichen Parlamente auf großen Bildern verewigt worden. Im Zwischengeschoss befindet sich der prachtvolle Salón Dorado, in dem die offiziellen Empfänge der Präsidenten der Generalitat stattfinden. Der Innenhof und die gotischen Treppen sind das geniale Werk des Meisters Pere Compte, der beliebteste seiner Epoche.

Der Gerichtssaal ehrt die Persönlichkeiten der gerichtlich gestützten Demokratie im ehemaligen Königreich Valencia

◄
Der modernste Turm des Palau beherbergt die Büros des Präsidenten der Generalitat (Regierung der autonomen Region Valencia)

►
Im Palau werden die wichtigsten protokollarischen Handlungen des politischen Lebens von Valencia abgehalten

In den Gärten des Palau verbergen sich die archäologischen Reste des abgerissenen mittelalterlichen Rathauses

Die Anwesenheit der valencianischen Regierung und anderer politischer Institutionen in den historischen Gebäuden der Caballeros-Straße verleiht dem historischen Stadkern soziale Bedeutung

Die Plaza de la Virgen

Wasser ist eines der entscheidenden Elemente auf diesem verkehrsberuhigten, geschichts- und traditionsreichen Platz. Daneben verleiht die strahlende Darstellung der institutionellen und religiösen Macht diesem städtischen Platz seine Feierlichkeit.

Im Schatten des Micalet stehen zwei große Sehenswürdigkeiten: die Kathedrale mit ihrer gotischen Fassade und die Basilica de la Virgen de los Desamparados, in der die Schutzpatronin der Stadt geehrt wird. Beide halten die religiöse Tradition aufrecht und repräsentieren eine Epoche, in der die Bedeutung der Stadt von der Würde ihrer Hauptkirchen abhing.

Gegenüber den Tempeln steht der Palau de la Generalitat, der obersten autonomen politischen Instanz, da Valencia die Verwaltungshauptstadt der Gemeinde Valencia ist. Dieses Schmuckstück gotischer Architektur verwahrt die Reste des ehemaligen mittelalterlichen Rathauses unter dem kleinen Garten, der auf den Platz führt.

Jeden Donnerstagnachmittag fällt das bereits im 10. Jahrhundert von den Arabern gegründete Tribunal de las Aguas (das Wassergericht) sein Urteil, das ohne Rechtsform gültig ist und nur vom Urteil der gewohnheitsmäßigen Normen geleitet wird und bei dem Streifragen über die Wasserzuteilung für die Gärten geregelt werden. Die Stellvertreter der verschiedenen Bewässerungsgräben der valencianischen Obst- und Gemüsegärten bilden das Gericht. Währenddessen hört man das Wasser des großen Brunnens rauschen, der stellvertretend für das Wasser des Turia und der Bewässerungskanäle, die zu seiner Ergiebigkeit beitragen, steht.

Ein Brunnen zu Ehren des Turia-Flusses und Bewässerungsgräben für die valencianischen Gemüsegärten

Die Plaza de la Virgen steckt voller Überraschungen und verdeutlicht die Freude der Valencianer am Leben im Freien zu jeder Uhrzeit und Jahreszeit

Der Micalet – der beste Aussichtspunkt auf die mittelalterliche Stadt

Dieser Platz ist eine echte mittelalterliche Agora (ein Markt- und Versammlungsplatz): Die kirchliche und die weltliche Macht sind hier am gleichen Ort vereint

Die Plaza de la Virgen, Schauplatz volkstümlicher Traditionen aus dem Festkalender der Stadt

Volkstümliche Keramik der Virgen de los Desamparados, der Schutzpatronin von Valencia

Die Hingabe der Menschen erhält die Tradition der Verehrung der Jungfrau María am Leben

HERMANDAD
VENTAS
DE DÉU DELS
DESAMPARATS

Panoramablick auf die Plaza de la Virgen, die Lokale im Freien und das Kuppelgewölbe der Kathedrale aus 60 Metern Höhe vom Turm des Micalet

Die Kathedrale

Der Bau des gotischen Tempels, gebildet aus drei großräumigen Schiffen, mit einem Kreuz, überdacht von einem enormen Kuppelgewölbe und mit einer vieleckigen Apsis und verziert mit Kapellen, begann im 13. Jahrhundert, als der Mönch Andrés Albalat den Bischofsitz innehatte, und wurde erst Anfang des 18. Jahrhunderts fertig gestellt. Auf diese Weise konnten auch architektonische Elemente aus der Romantik, dem Barock und dem Neoklassizismus einfließen. Im 20. Jahrhundert gab es sogar Bestrebungen, die neoklassizistische Beschichtung zu entfernen.

Dieses Beispiel von Stilvermischung und –integration, typisch für die Bauart Valencias, spiegelt sich in seinen drei Hauptportalen wider. Das Portal des Palau entspricht einer altertümlichen Romantik, typisch für die Krone Aragons, wie sich in den Tempeln zu Lérida und Tarragona bestätigt findet. Das Portal stellt sieben Paare dar, vermutlich Neusiedlerehepaare, bestehend aus Soldaten des Königs Jakob I. und ihren Ehefrauen, Zofen aus Lérida. Das gotische Portal der Apostel öffnete sich gegenüber dem Rathaus und blickt auf das Tribunal de las Aguas. Durch eine enorme Fensterrose mit sternenförmigem, gewundenem Glas strömt Licht in den Tempel. Das dritte, barocke, Portal, das sich am Ende des Hauptschiffes befindet, stand ursprünglich am Ende einer schmalen Straße und zwang so den Architekten kurvenreiche Formen zu verwenden, um auf kleinem Raum so viel wie möglich darstellen zu können. Heute kann man die gesamte Tempelfassade und das Eisenportal von einem geräumigen Platz aus bewundern.

Eine Seitentür des Palau – die älteste und schlichteste Tür des gesamten Komplexes der Kathedrale

Am Eingang im frühen romanischen Stil sind Statuen von Christen dargestellt, welche die zurückeroberten valencianischen Taifa-Reiche bevölkerten

Durch das beeindruckende Kuppelgewölbe der Kathedrale fällt das Tageslicht auf den Hauptaltar

Am gotischen Tor der Apostel tritt jeden Donnerstag um zwölf Uhr das Seegericht zusammen

Einzelheit der gotischen Fassade der Kathedrale

Die Rosette zerlegt das Licht in tausend Farben

◄
Verbindungsgang zwischen der Kathedrale und dem erzbischöflichen Palast

►
Das Kuppelgewölbe der Kathedrale, eine der herausragenden Elemente des Bauwerks

Aufgrund des Platzmangels
musste man die Fassade
in konkaven und konvexen

Das barocke Tor, ein Werk des Bildhauers Vergara und des Architekten

Die zwölf Apostel am gotischen Tor betrachten das stetige Kommen und Gehen von Passanten und Touristen

Der Micalet entstand als Glockenturm fern vom ursprünglichen Tempel. Das gleiche Schicksal teilt auch die Aula Capitular, die laut Legende den Santo Cáliz, den Heiligen Kelch des letzten Abendmahls aufbewahrt. Der gotische Turm mit ca. 60 Meter Höhe, 207 Stufen und einem Dutzend großer Glocken, war über viele Jahre das Wahrzeichen der Stadt.

Durch weite Fenster in Form von Spitzbögen verbreitet sich rein der Klang der Dutzend Glocken, deren schwerste aus elftausend Kilo Metall gegossen ist. Es lohnt sich, die schneckenförmige Treppe hinaufzusteigen, um die Altstadt zu besichtigen. Es gibt eine Glöcknerinnung, die sonntags oft ein besonderes Läuten organisieren, um diese Tradition am Leben zu erhalten.

Die Plaza de la Reina

Die charakteristische Ausdrucksweise, an die uns der valencianische Dichter Schriftsteller Juan Gil-Albert gewöhnt hatte, zweifelte nicht daran, diesen Platz folgendermaßen zu bewerten: „Der Micalet ist in Valencia, der Turm der Santa Catalina ist Valencia." Diese Unterscheidung zwischen Standort und Bedeutung unterstreicht, wie weit die gotische Festigkeit von der luftiger Berufung des Borrocks entfernt liegt.

Die Santa Catalina Kirche befindet sich am Eingang zum Stadtviertel Mercat. Während ein Stockwerk in gotischem Stil gebaut wurde, entstand der Turm erst einige Zeit später unter Anleitung von Juan Bautista Viñes Ende des 17. Jahrhunderts, unter barocken Gesichtspunkten als eine leichte Umarbeitung des hexagonalen Geschosses des Micalets, mit weniger Höhe und breiteren Mauern. Sie ist sozusagen die kleinere Schwester, die anfangs noch ihre größere Schwester nachahmte, in ihrer Jugend jedoch eine eigene, ganz andere Persönlichkeit entwickelte.

Die Plaza de la Reina ist zur Hälfte Fußgängerzone und entstand, nachdem zahlreiche Straßen und alte Häuser niedergerissen wurden, die die südliche Fassade der Kathedrale einschlossen. Der Platz bietet Bars mit Terrassen, auf denen man seinen Durst löschen kann, während man die Sonne, das mediterrane Licht und die typischen Horchatas (Erdmandelmilch) oder Schokoladengebäck genießt.

Der barocke Santa Catalina-Turm ist der kleine Bruder des gotischen Glockenturms am Micalet

TURISMO
VALENCIA
SALÓN

 Panoramablick auf die Plaza de la Reina und die Santa Catalina-Kirche aus luftiger Höhe vom Micalet

 Die vor kurzem sanierte Santa Catalina-Kirche hat ihren gotischen architektonischen Glanz zurückgewonnen

63 Eine Einzelheit an der Außenwand der Kirche

Das Café Chocolatería an der Santa Catalina-Kirche ist ein Muss beim Zentrumsrundgang: Man sollte dort die Horchata (Erfrischungsgetränk aus Erdmandelmilch) mit „Fartons“ (Süßspeise aus Teig in Fingerform) und Schokolade mit „Buñuelos“ (Süßspeise aus fritiertem Teig) probieren

Santa Catalina

La Lonja

Dieses von der UNESCO im Jahre 1996 zum Weltkulturerbe deklarierte Gebäude ist eines der schönsten gotischen Civilgebäude des Mittelmeerraumes. Im Zentrum des mittelalterlichen Händlerviertels gelegen wurde es erbaut, als sei es eine Kathedrale, mit dem bedeutenden Unterschied, dass seine Verwendung weltlich sein sollte. Zwischen seinen Mauern wurden Handelsabschlüsse und die Rechtspflege für maritime Prozesse beschlossen. Das anbrechende Bürgertum finanzierte ihren Bau.

Im Jahre 1483 begann Pere Compte mit der Errichtung des Gebäudes, das aus drei Bereichen mit unterschiedlichen Verwendungszwecken besteht: Der Säulensaal galt als Sammlungsraum, der zentrale Festungsturm diente als Gefängnis, um Handelsvergehen zu begleichen und das Gebäude Consolat del Mar enthielt das Gericht, welches das maritime Recht sprach. Die Taula de Canvis i Depòsits, die erste Bank jener Epoche, die bestimmt war den Handel zu finanzieren, hatte hier ihren ersten Sitz.

In dem mehr als 17 Meter hohen Hauptsaal öffnen sich 24 spiralförmige Säulen in Richtung Gewölbe als wären es Palmen. Der obere Teil der Mauern ist verziert mit einer lateinischen Inschrift, in der die Güte der Geschäftstätigkeit hervorgehoben wird und eingeräumt wird, dass das Anhäufen von Reichtum nicht unvereinbar damit ist, das ewige Leben zu erlangen. Der Architekt ließ in seine brillante Arbeit bemerkenswerte Symbole einfließen. Seine geheimen Botschaften spiegeln sich auf dem Wasserspeier und anderen verzierenden Elementen wider.

Die Lonja ist eine architektonische Hommage an den Handel und das Finanzgewerbe

INCLYTA·DOMVS·SVM
EDIFICATA
AGVSTATE
CONCIVE

Dieses Gebäude beherbergte den Sitz der ersten Kommerzbank

Durch den Innengarten gelangt man über eine Treppe zum Consolat del Mar, charakterisiert durch einen ausgeprägten Renaissancestil an seiner Fassade.

In ihm hat sich die wunderschöne gemeißelte und vielfarbige Deckentäfelung bewahrt, die auch das alte Rathaus schmückten, das auf der heutigen Plaza de la Virgen niedergerissen wurde. Der Saal ist von großem Interesse, zumal er Wiedergaben von Gemälden und Ornamentzeichen bietet, welche den Glanz der Zeit des Konsuls unterstreichen.

Der beabsichtigte weltliche Charakter des gotischen Gebäudes spiegelt sich in den obszönen und phantastisch-geisterhaften Figuren/Wasserspeiern und Masken an den Außenmauern wider, die dem Betrachter aus der Distanz fast entgehen

 Die Lonja ist das einzige Bauwerk der Stadt, das als Weltkulturerbe der Menschheit eingestuft ist

Escalones de la Lonja
CALLE
DE
LA LONJA

Der Zentralmarkt

Auf der Plaza del Mercado rief die Stadt stets eine unglaubliche Geschäftstätigkeit zusammen; zunächst auf der Straße, in Holzständen, die mit großen Planen überdacht waren und Obst- und Gemüseprodukte anboten. Später, zu Beginn des 20. Jahrhunderts, aufgrund des Wachstums Valencias und als Symbol seiner Erneuerung, baute man eine große Markthalle im Jugendstil, den Mercado Central, eine wahre Huldigung an die soziale Euphorie jener Epoche: ein heller Tempel der Gaumenfreuden, der den Straßenverkäufern mehr Sicherheit und Komfort bot und den Käufern mehr Vielfalt und Qualität.

Die Architekten Francisco Guardia und Alejandro Soler führten dieses architektonische Wunder zwischen 1910 und 1928 aus, erleuchtet mit reizvollen Keramiken, bunten Glasfenstern und Eisen- und Stahlstrukturen. Heute beliefern mehr als 1000 Verkäufer die Gemüse-, Obst-, Fleisch-, Fisch- und Meeresfrüchtestände.

Man kennt die Wetterfahne auf der Kuppel des Gebäudes unter dem Namen „la cotorra del Mercat"

 Der Grundriss des Marktes ist unregelmäßig, da man ihn an die krummen umliegenden Gassen anpassen musste

 Das große Hauptschiff wird von einer beeindruckenden Kuppel gekrönt

ativi dad Soler
411

Eine enorme Darbietung von Farben, Geschmäcken und Aromen

 In den beiden kleinen Gebäuden an der Hauptfassade waren Büroräume der Verwaltung untergebracht

 Die Marktatmosphäre lädt zu improvisierten Gesprächen und ungewöhnlichen Einkäufen ein

 Der Marktplatz stimuliert das Zusammenleben und regt den Austausch zwischen Einheimischen und Besuchern an

COTEO CENTRAL
Cafés VALIENTE
EXCEPTO
CARGA Y DESCARGA
SOLO VEHICULOS INDUSTRIALES
LABORABLES DE 9 a 14 H.
Y DE 16 a 20 H.
TIEMPO MAXIMO 10 MINUTOS
AMSTEL
ESPAÑA
7

Jede Straße im Marktviertel bietet ihre eigenen Spezialitäten; es ist sogar Platz für Magieartikel

Valencia bietet eine große Auswahl an Möbeln und anderen Gegenständen aus Pflanzenfasern

MIMBRE CANA
"La Australiana"
LANAS-PERLES Y GENEROS DE PUNTO
16
14
RESTAURACION DE SILLERIA EN REJILLA Y ENEA
DESDE 1.856
Tel. - Fax. 96 352 84 15

In gewisser Weise war Valencia und ist auch heute noch zum Teil eine Stadt der kleinen Händler und bemerkenswerten Kunsthandwerker. Es gibt Straßen mit Korbgeflechten, Holzmöbeln, Espartogras, Kräutern und Gewürzen, alten Büchern, Stoffen, Antiquitäten, Schmuck. Die Atmosphäre eines arabischen Marktes, geordnet nach ähnlichen Produkten, kann man auch heute noch einatmen, wenn man durch die alten Geschäfte des Plaza Redonda und seine Umgebung streift. Ohne Stiere oder Sitzreihen wurde auf diesem runden Platz ursprünglich der Fischmarkt ausgetragen. Aus diesem Grund steht auch ein lärmender Wasserbrunnen in seiner Mitte.

PLAZA
DEL DOCTOR
COLLADO
ESPECIALIDAD EN TELAS METALICAS
PLAZA COLLADO, 4
HIJA DE BLAS LUNA
TELEF.

PLAZA REDONDA
clot
taverna

Ursprünglich versammelten sich auf dem runden Platz die Fischhändler des historischen Zentrums

NUGGET
NUGGET
NUGGET
PAPEL HIGIENICO

Ein ruhiger Moment in einem traditionellen Gewerbe

Im Hintergrund die Fassade der Rückseite der Lonja

CAFE DE SANT JAUME CAFE
D R CAÑIZARES

Läden und Geschäftigkeit am Tag; ein Ort der Bars und Drinks in der Nacht

 Eine Cafetería für ein nachmittägliches Treffen unter Freundinnen

 Läden, die das Wesentliche der copla española (des spanischen Liederguts) bieten

ecisión
CINEMATOGRAFICO

COMPRA
MONEDAS
ANTIGÜEDADES
CURIOSIDADES
VENTA
SELLOS
BILLETES
POSTALES
RELOJES
5
NUMISMATICA LA LONJA

 Die Läden an der Plaza Redonda sind auf Arbeitskleidung und Schuluniformen spezialisiert

Die Plaza del Negrito, ein ruhiger Ort für ein Gläschen bei Sonnenuntergang

Die gotische und barocke Kirche der Santos Juanes an der Plaza del Mercado wurde auf einer vormaligen Moschee errichtet

Der Palacio del Marqués de Dos Aguas

Dieses einzigartige Gebäude empfängt unzählige Besucher, die vor allem seine prachtvolle barocke Fassade betrachten wollen, welche auf den Adelstitel des Mäzens Rabassa de Perellós anspielt. Gemeißelt aus Alabastergestein aus dem Steinbruch von Picassent, stellt es eine poetische Allegorie über das Wasser und den Fluss dar, in rätselhafter Gegenwart von zwei halb nackten Riesen. Das Thema des oberen Teils ist die Virgen del Rosario, während sich auf seinem unteren Abschnitt zwei Flüsse mit einer Fauna und Flora vermischen, die die beiden kahlköpfigen Riesen, einer nackt, der andere halb bedeckt, umgibt. Hierin spiegeln sich die Einflüsse der Bewunderung für die menschliche Gestalt Miquel Angels.

Das Gebäude war ursprünglich ein gotischer Palast mit einem zinnenförmigen Turm. 1740 beauftragte Ginés Rabassa die Architekten und für damalige Verhältnisse progressiven Stadtkünstler Hipólito Rovira, Ignacio Vergara und Luis Domingo mit seiner Reform. Der traditionellen Struktur des Palastes wurde das Alabastertor zugefügt, die Kuppel der Haupttreppe und die Fresken an der Fassade. Ein Jahrhundert später nahm dieselbe Familie eine weitere Umstrukturierung vor, um den luxuriösen Eindruck noch zu verstärken.

►

Das in Alabaster gearbeitete Portal von Ignacio Vergara, einer der viel fotografierten Orte der Stadt

►►

An der Palastfassade lassen zwei Riesen im Wasser vergnügt ihre Kräfte und Energien spielen

Als Sitz des Museo Nacional de Cerámica Manuel González Martí bewahrt es die vergoldete Keramiken und Arbeiten der Real Fábrica de Alcora sowie eine Neuaufnahme von 600 Stücken chinesischen Porzellans auf. Neben der mittelalterlichen Keramik aus Paterna und Manises befinden sich hier auch Kutschen aus dem 18. Jahrhundert, insbesondere die Nymphenkorosse. Mobiliar aus Dresden, Porzellanlampen aus Meissen und Berlin, iberische, griechische und römische Keramik, die maßstabsgetreue Reproduktion einer traditionellen valencianischen Küche sind nur einige attraktive Aspekte, die dieses Museum zu bieten hat.

Die in einer Mauernische verborgene Virgen del Rosario beschützt die Bewohner und Besucher des Palastes

Auf dem Weg ins Innere des Palastes sind vor allem die prachtvollen Salons zu bewundern, ein Symbol der Sitten und Bräuche, die die valencianische Aristokratie auf dem Höhepunkt ihres Ruhmes zu verwenden pflegten.

Die Plaza del Ayuntamiento

Von der Calle San Vicente aus gelangt man auf den großen dreieckigen Rathausplatz, umgeben von zahlreichen Häusern unterschiedlicher Stile, die ein heterogenes und eklektisches Bild vom Verwaltungs- und Finanzzentrum und vom Stadtleben Valencias geben. Plötzlich wächst das historische Zentrum über sich selbst hinaus, hat einen schnelleren Pulsschlag, und der Autoverkehr und das ständige Treiben der kommenden und gehenden Personen bestätigen, dass wir uns auf dem Hauptplatz der Stadt befinden.

Seit der ersten Reform, die ins Jahr 1905 fiel, bis zur letzten, die in diesen Jahren abgeschlossen wurde, sind bis heute immer die leuchtenden und bunten Blumenstände sowie die freien und großen Plätze verschont geblieben, um die Mascletás (Schießpulverschlösser und Feuerwerk) der Fallas und andere Festlichkeiten zu beherbergen. Tausende von Menschen versammeln sich auf diesem Platz, um inmitten des Schießpulvers herumzuspringen, zu jubeln und zu applaudieren.

Das Gebäude des Ayuntamientos ist eine Fusion aus dem alten Casa de la Enseñanza, das sich im hinteren Teil befindet, und dem neuen Rathaus, das zwischen 1905 und 1950 von den Architekten Francisco Mora und Carlos Carbonell gebaut wurde. Renaissance- und Barockformen, verschmolzen mit der Authentizität jener Epoche, erreichten die angestrebte Monumentalität. Auf dem breiten Balkon der Hauptfassade finden sich zu Festen die Obrigkeiten oder besondere Gäste ein, während die Uhr die Stunden mit der Melodie der regionalen Hymne zählt.

Die Hauptfassade des Rathauses mit ihrem charakteristischen Uhrenturm und dem beleuchteten Springbrunnen im Zentrum des Platzes. Der Kreisverkehr ordnet hier die Verkehrsströme der Innenstadt

EMT

Zu jeder Jahreszeit und an allen Wochentagen kann man auf dem Rathausplatz frische Blumen in lebendigen Farben kaufen. In den zwanziger Jahren entwarf der Architekt Javier Goerlich die Platzmitte als eine Art große Plattform, wo reges Leben herrscht und sich die Menschen zwischen den Blumenständen bewegen.

Flores
Alstroemeria

Das andere große Denkmal des Platzes ist das akademische Gebäude des Palacio de Correos y Telégrafos, gebaut im Jahre 1915 vom Architekten Miguel Ángel Navarro. Sämtliche Wappen der spanischen Regionen sind in der eindrucksvollen Stahl- und Glaskuppel seines inneren Rundbaus abgebildet. Die Verzierung auf der Fassade spielt auf das Fernmeldewesen über Land und Wasser zwischen den fünf Kontinenten an.

BBVA
CORREOS Y TELEGRAFOS
TAXI
EMT

 Die Gesamtansicht des dreieckigen Platzes ist von den monumentalen, hohen Gebäuden vom Anfang des 20

MoviStar
ORIENT
ORIENT

Valencia im Jugendstil

Unter den spanischen Städten findet man in hier einen der größten Schätze an Jugendstilbauwerken, denn die örtliche Bourgeoisie und die politische Führungselite fand zu ihrer Zeit Gefallen an dieser Stilrichtung. Die Qualitäten des Jugendstils wie Überfluss und Üppigkeit, barocke Elemente, Farben und Geometrie zogen die valencianischen Architekten und Künstler in ihren Bann. Somit hielt der Jugendstil in den großen öffentlichen Gebäuden sowie im Städte- und Wohnungsbau Einzug in Valencia. Später entwickelten sich ebenso die Malerei und die Bildhauerei.

Gegenüber dem Jugendstil des Zentralmarkts und der beachtlichen Bauwerke am Rathausplatz ist am Nordbahnhof, in einer Vielzahl von Wohnungsbauten der damaligen urbanen Erweiterungszone und im Mercado de Colón (Kolumbusmarkt) eine beachtliche urbane Entwicklung zu beobachten. Auf einer kleinen Route kann man Valencia im Jugendstil entdecken: Eines der herausragenden, als Denkmal geschützten Gebäude befindet sich an der Ecke der Rufaza-Straße mit der Gran Vía Marques del Turia. Auch die Casa Ortega in der Gran Vía Nr. 9 ist bewundernswert, ebenso wie die Casa Ferrer in der Cirilo Amorós-Straße 29 und die Casa de los Dragones (das Haus der Drachen) in der Jorge Juan-Straße 3, allesamt Beispiele großer architektonischer Schönheit.

Einzelheit der Ortega-Wohnung (1907)

 Verschiedene Ausschnitte der reichen und modernistischen Ornamentierung Valencias

9

Die Bourgeoisie des damaligen Neubaugebiets wünschte sich eine Markthalle, die luxuriöser sein sollte als der bestehende Markt der Zentrumsbewohner gegenüber der Lonja. Im Jahr 1921 beauftrag te die Stadtverwaltung den Jugendstilarchitekten Francisco Ribes mit dem Marktbauwerk des Mercado de Colón, einer echten Perle der Architektur seiner Zeit. Am kürzlich sanierten Bauwerk ist die Lobpreisung der valencianischen Gemüsegärten in den Mosaiken und Ornamenten hervorzuheben. Heute dient dieses Gebäude nicht mehr als Markthalle, sondern es hat sich zu einem komfortablen Ort der Freizeit und für den Einkauf gewandelt, der das Prestige des Stadtviertels fördern soll..

Der Nordbahnhof

Dieses Gebäude befindet sich außerhalb der ummauerten Stadt, auf der Grenze, die über Jahrhunderte die alte Stadtmauer markierte. Beide repräsentieren jene Jahre, in denen Valencia beschloss, sich auszuweiten, in denen man entschied, die Züge, die auf der Plaza del Ayuntamiento fuhren, zu verlegen.

Die grundstrukturellen Probleme des südlichen Stadtbereichs, hervorgerufen durch die Eisenbahnstation, werden in naher Zukunft gelöst werden, wenn die Station unterirdisch verlegt wird und auf dem Schienenmeer, auf dem heute täglich 500 Züge verkehren, ein großer Park angelegt wird.

Über die Estación del Norte kommen täglich über 90.000 Reisende in den Haupteinkaufs- und Dienstleistungsbereich der Stadt.

Eine wahre Menschenlawine durchströmt das großzügige Gebäude, das zwischen 1906 und 1917 von Demetrio Ribes im Muster des Jugendstils mit österreichischen Einflüssen gebaut wurde. Alle Klischees der blühenden ansässigen Gesellschaft finden sich in seinen Verzierungen wider.

ESTACIÓ DEL NORD

 Die Keramiken geben die lokalen valencianischen Werte wieder

 Die wunderschöne Vorhalle ist eine Mischung aus der Eleganz des Jugendstils und mediterraner Sinnlichkeit

DIE STIERKAMPFARENA

Gleich neben der Bahnstation befindet sich die Plaza de Toros, der bereits geraume Zeit vorher eingeweiht wurde, im Jahre 1860, in reinem neoklassizistischen Stil, der die Formen und Entwürfe eines römischen Stadions heraufbeschwört. Seine vier Stockwerke, bestehend aus Galerien mit Säulengang, seine 384 äußeren Bögen gleicher Größe und Ausmaße machen diese Gebäude zu einem vollkommenen Ziegelsteinzylinder. Es ist eins der ersten Stadtbauten, das Eisen unbedeckt an den Säulen verwendet, die die oberen Sitzgalerien festhalten. Zu der Fallas und der Feria de Julio finden hier die besten Stierkämpfe statt.

Zum Zeitpunkt ihrer Entstehung befanden sie sich in der Vorstadt. Die Plaza wurde erbaut, bevor die Mauern niedergerissen wurden. Heute hingegen sind sie Teil des Innenstadt- und Einkaufszentrums.

DAS GRÜNE VALENCIA, STADT DER BLUMEN

Von der arabischen Gesellschaft, die über fünf Jahrhunderte dieses Land bewohnte, sind praktisch keine architektonischen Zeugnisse übrig geblieben, da die Materialien im Allgemeinen für den Bau der neuen Gebäude verwendet wurden, die die Christen im Mittelalter schufen. Was jedoch niemand aus der valencianischen Mentalität hat löschen können ist der Kult um das Wasser und die Bewunderung für die Nutz- und Blumengärten, Anblicke des Alltagslebens, die schon von den Arabern in ihren literarischen Werken Erwähnung fanden.

Der Dichter Ibn Gálib, der in der außerhalb der Stadtmauern befindlichen Stadt Ruzafa lebte, lud im 12. Jahrhundert die durchreisenden Fremden zu einer Ruhepause ein, um ihren Durst zu stillen, denn: "Es wird sicher bald regnen. Bitte um Wasser in Ruzafa und es wird sicher bald regnen in Ruzafa. Es gibt kein anderes Land wie dies, bedeckt mit Pflanzen, die so voller Blüten hängen, dass sie aus Gold und Silber zu sein scheinen."

Die Christen, die dieses Land im 13. Jahrhundert besiedelten, waren überzeugt, einen Garten zu betreten. Der Autor des Heldenlieds über den Mío Cid verbreitete die Sage um die Fruchtbarkeit dieses Landes, kurz bevor der Ritter die Stadt einnahm. Ähnlich geht es dem zeitgenössischen Besucher, der bis in diese Ecke des Mittelmeerraumes vordringt, beeinflusst von den Klischees der touristischen Orientierung Valencias.

Wenn wir erkennen, dass ein Garten in gewisser Weise ein domestiziertes Stück Natur ist, so als wäre er in einen künstlich gestalteten Privatraum eingeschlossen worden, dann besitzt Valencia ein Dutzend ausgezeichneter Gärten öffentlichen Charakters. In größeren Maßstäben gesprochen erfreuen sich die Valencianer großer Grünflächen, die untereinander durch zahlreiche mit Bäumen gesäumte Stadtarterien und durch einen alten Fluss vereint sind, der in einen länglichen Garten umgewandelt wurde und die Stadt mit Pflanzen-

aromen und Baumschatten durchzieht. Darüber hinaus gibt es in der Stadtumgebung noch weitere Grünflächen, die sich in drei große Flächen gliedern: den Park La Albufera und seinen Strand El Saler, die in der Nähe befindliche Sierra de la Calderona und den Stadtpark, der sich in der Höhe der Gemeindebezirke Paterna, Ribarroja und La Eliana an den Turia schmiegt.

Seit dem 9. Jahrhundert setzten die Araber die Maßstäbe für die Gärten, indem sie ursprünglich landwirtschaftlich genutzte Arten wie Orangen-, Zitronen-, Granatäpfelbäume und Palmen in die Gärten einbezogen und diese mit orientalischen Pflanzen und Blumen wie Zypressen, Myrte, Nelkenbäume und Rosensträucher kombinierten. Der arabisch-valencianische Garten kennzeichnete sich durch seine quadratisch angelegt Form aus, die Trennungslinien aus Hecken und einer Überfülle an typischen aromatischen Pflanzen wie Myrte und Jasmin, deren Duft sich mit dem Geruch der Orangenblüte vermischte. Fügt man all dem noch die großzügige Klimatologie hinzu mit sanften Temperaturen und hoher Luftfeuchtigkeit, dann fällt es nicht schwer genügend Argumente zu finden, um die Faszination zu erklären, die Valencia schon immer auf die Erwartungen und tatsächlichen Erlebnisse des Reisenden ausgeübt hat.

Ein Eckchen in den Jardines del Real, den städtischen "Viveros"-Gärten

L'ALBUFERA

Das Naturschutzgebiet L'Albufera, südlich der Stadt, beginnt an der neuen Mündung des Turia und endet praktisch, sobald es die Berge von Cullera erreicht. Die Grünfläche wird umfassend landwirtschaftlich genutzt und teilt den traditionellen Rhythmus der Fischer und Landwirte mit der kontinuierlichen Gegenwart der Stadtbewohner und Touristen an seinen weiten Stränden und in den Restaurants.

Der Park war schon immer ein Teil der Krongüter dank seiner ungewöhnlichen natürlichen Schönheit und der guten Bedingungen für die Wildentenjagd und den Aalfang. Doch endete dieses Privileg 1865, als die Gemeinde Einspruch auf das Eigentum des Parks erhob und es erhielt, um seinen Besitz zu vermehren. Neben der Jagd und dem Fischfang, Aktivitäten, die heute immer weniger betrieben werden, ist La Albufera hauptsächlich eine immense flutbare Fläche für den Reisanbau. Sein Süßwasser stammt aus verschiedenen Inlandquellen (Ullals), die den See ständig mit Wasser versorgen, auch wenn der Park durch drei Kanäle mit dem Meer verbunden ist, deren Schleusen das Wasserniveau auf den Feldern regulieren. Die Mitte des Sees wird „lluent“ (leuchtend) genannt, weil das Wasser hier am meisten glänzt. Die arabischen Dichter beschrieben es als Spiegel der Sonne.

Für die Zugvögel, die jährlich vom kalten Norden in den warmen Süden wandern, ist es ein wahres Naturparadies. Durch diesen Mittelmeerflur migrieren alle möglichen Tierarten, die von den Forschungszentren des Parks beobachtet werden. Es gibt eine Art von Genesungsplätzen für jene Vögel, die ihre Reise wegen Krankheit hier unterbrechen.

Der weite Küstengürtel mit Sandstrand und Kiefern zwischen Dünen und Netzen trägt die Namen Pinedo, El Saler und La Devesa. Beinahe zwölf Kilometer Küstengebiet, unterbrochen lediglich durch die Seekanäle, machen diesen Strand zu einem privilegierten Ort, an dem man Sonne und Wasser genießen kann, ohne auf eine übermäßige Konzentration von Badenden zu stoßen.

Die traditionelle Lebensart der Fischer findet man vor allem in dem Ort El Palmar wieder, einer Insel, die sich auf dem See befindet und heute vollständig mit dem Festland verbunden ist. Am Aussichtspunkt des Parks, der sich an der Küstenstraße und neben dem ersten Kanal befindet, kann man ein Schifferboot mieten, um auf dem See und seinen unzähligen Kanälen zu schippern. Früher glitten die Schiffe mit einer prächtigen Vela Latina über das Wasser. El Palmar ist auch ein sehr empfohlener Ort, um die valencianische Paella und andere köstliche Fisch- und Meeresfrüchtespeisen zu kosten.

Der Reis kam mit den Feldzügen Alexander des Großen im 3. Jahrhundert v. Chr. aus Indien an die mediterrane Küste. Die Araber pflanzten ihn in ans Ufer dieses Naturschutzgebiets, das zur Gemeinde Sueca gehört und an der Ausfahrt Camp de Brahamons liegt, ein Name, der noch vage an die indische Abstammung erinnert. Der Reisanbau in Valencia war in einigen Epochen erlaubt und in anderen verboten, obwohl sein Ernährungswert stets unumstritten war. Sein Verbot rührte daher, dass die Feuchtgebiete, in denen er angebaut wurde, Ursprung von Sumpffieber und anderen Epidemien war. Tatsächlich wurde sein Anbau bis 1986 nicht liberalisiert, weshalb er über mehrere Jahrhunderte von den Genehmigungen abhängig war.

Im Museo de Cullera, das dem Reis gewidmet ist, wird der Anbauzyklus dieses Getreides analysiert. Im Mai und Juni wird das Land für die Aussaat vorbereitet. Anschließend wird Wasser auf die Felder gelassen, das dort den ganzen Sommer über bis September stehen bleibt, woraufhin es abgelassen wird, um mit der Ernte zu beginnen. Gelegentlich werden die Felder von Oktober bis Januar erneut überflutet, um die Nachfrage nach Entenjagdrevieren zu befriedigen.

Im Sommer sind die Reisfelder von La Albufera ein Spiegel aus Wasser

Nur ein Zehntel des 30.000 Hektar großen Sees, von denen die römischen Chronisten Avieno und Estrabón schrieben, ist schiffbar. Seither ist der Park schrittweise in ein Sumpfgebiet gewandelt worden, der dem Reisanbau dient. Dreizehn Gemeindebezirke haben Anteil an den 21.000 Hektar, die von der Parkleitung kontrolliert werden, welche wiederum der Generalitat Valencias untersteht. Es ist das erste Naturschutzgebiet, das von der valencianischen Regierung 1986 ausgewiesen wurde.

Die Gärten der Stadt

Die arabischen Richtlinien für Gärten erlitten eine bedeutende Änderung, als Italien und Frankreich begannen, die Gewohnheiten Valencias zunehmend zu beeinflussen. Der ehemalige Garten suchte die Rationalität der Perspektiven und die Licht- und Schattenspiele in Gegenwart von Statuen und exotischen Blumen. Der architektonische Charakter herrschte über den landschaftlichen.

Die Jardines del Real, auch bekannt durch die Viveros, sind Stadteigentum und zählen aufgrund der Geschichte und der Gestaltung zum Vorzeigebild Valencias. Sie dienten den Königen der Taifas und später den christlichen Königen als Wochenendhäuser. Auf der anderen Flussseite befindlich und somit außerhalb der Stadtmauern, wurden sie von den Monarchen auserwählt, um ihre königliche Residenz in einen Palast zu bauen, von dem keine Spur mehr übrig blieb. Das höfische Leben versank Vergessenheit, als der Königspalast während des Unabhängigkeitskriegs von den Stadtbewohnern zerstört wurde.

Die Baumschulen dieser Gärten haben die Stadt über Jahrzehnte mit Blumen und Bäumen versorgt. Der dem alten Flussbett am nächsten stehende Eingang ist mit enormen Palmen und mediterranen Blumen geschmückt. Er hat einen romantischen Schwanen- und Ententeich, während die Eingänge auf der anderen Seite eine barocke Kirche und ein Adelspalast zieren, die sich derart in den Park integriert haben, als wären sie Skulpturen zwischen den Bäumen. Der modernste Teil ist von großflächigen Rasenflächen und unzähligen Rosensträuchern erfüllt. Erwähnenswert sind auch die zwischen Hecken entstandenen heimeligen Ecken im neoklassizistischen Stil. Eine Skulptur des valencianischen Künstlers Andreu Alfaro dominiert eine Zypressenallee. In den Viveros befinden sich ebenfalls das Museo de Ciencias Naturales und der Zoo.

Das alte Flussbett des Turia ist eine von Fahrradtouristen sehr geschätzte Route in der Stadt, denn es ist frei von motorisiertem Verkehr und bietet Grünanlagen sehr verschiedener Art

Für die Liebhaber des Exotischen empfiehlt sich der Botanische Garten, Eigentum der Universitat de València. Er ist aus einem offenen Garten entstanden, der dem Studium der Botanik diente. Seine heutige Struktur, erschaffen vom Naturalisten Antonio José Cavanilles im Jahre 1802, diente den Experimenten mit neuen Züchtungen und der Akklimatisierung unbekannter Arten. Ein großzügiges Treibhaus aus Eisen und Glas schützt den tropischen Garten vor thermischen Schwankungen.

Ganz in der Nähe wurde der Jardín de las Hespérides eröffnet, der eine Sammlung von fünfzig verschiedenartigen Zitruspflanzen enthält. Ein weiterer, erst vor kurzem eröffneter Garten in der Nähe des Palacio de Congreso, knüpft an eine literarische Tradition an: Der Jardín de Polifilo, inspiriert von dem Buch Sueños de Polifilo von Francesco de Coloma, ist mit beachtlichen romantischen Nuancen versehen. Über die Plaza de las Puertas del Destino streifend gelangt der Besucher auf den Guardián de los Huertos und kann die Isla de Ciretea besuchen.

Der Garten, aus dem die Jardines de Monforte, gegenüber den Viveros, entstanden, wurde im Jahre 1849 vom Marqués de San Juan erworben, um ihn in eine Grünfläche italienischen Stils zu wandeln, der seinem bekannten Haus einen gewissen Rang verleihen sollte. In seinem halbreisför-

 Im jardín botánico (botanischen Garten) – dem ältesten der Stadt – findet man 3000 Arten und mehr als 7000 Bäume und Büsche

migen Inneren stehen zwei Löwen aus Carrara Marmor, ein Werk von José Bellver. Eine Gruppierung von Skulpturen im Rokokostil und ein Brunnen in der Mitte des Gartenhäuschens, ein von einem Renaissanceportal dominierter Teich, eine lange Galerie überdacht mit dichter Bougainvillea, ein kleiner Wald mit dicht belaubten Bäumen sind nur einige der umgrenzten Räume dieses prachtvollen Gartens.

Der im Innenstadtring befindliche Garten La Glorieta ist nicht mehr geschlossen, seit sein künstlerisches Gitter in die Viveros gebracht wurde. Er wurde 1817 vom frankophilen Generalhauptmann Valencias, Francisco Javier Elio, erschaffen. Der Garten stellt die schönsten und größten Gummibäume der Stadt zur Schau, der größte von ihnen hat eine Baumkrone von 40 Meter Durchmesser. An diesen Garten grenzend liegt das Parterre, in dessen Mitte die monumentale Statue des Königs Jakob I prangt, des Förderers und Erschaffers des alten Königreichs Valencia. Die alten Bäume rufen wahrlich Bewunderung hervor. Die Aufzählung der Pärke und Gärten Valencias vervollständigt sich mit denen in Benicalap und Oeste und dem von Ayora. In Zukunft, sobald die Eisenbahnstation Estación del Norte in den Untergrund verlegt ist, werden der alte Bahnsteig und die Unmenge von Gleisen in einen großen Zentralpark gewandelt, der, nach dem Jardín de Túria, mit Abstand der größte der Stadt sein wird.

Der Teich der jardines (Gärten) de Monforte und die Treppe, die zu einem Renaissanceportal führt, sind ein sehr beliebter Ort bei frisch verheirateten und für formelle Festlichkeiten

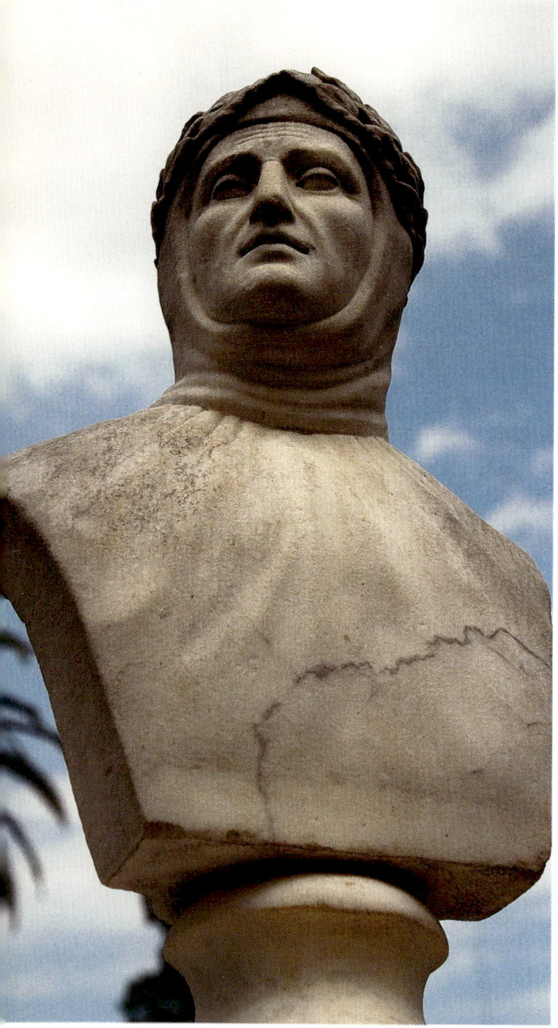

 Die Skulpturen bestärken die romantische Atmosphäre, die Besucher dieser Pflanzenwelt genießen können

DAS ALTE FLUSSBETT DES TURIA

Auf einer kurvigen Strecke, geformt durch seine letzten Krümmungen, bevor er ins Meer fließt, schützte der alte Turia über Jahrhunderte die valencianische Bevölkerung. Die römische Kolonie entstand als eine Art Flussinsel, die mehr dem ertragreichen Obst- und Gemüseanbau als dem Meereshandel zugetan war. Trotzdem errichteten die Römer einen kleinen Hafen im Flussinneren, wo sich heute die Torres de Serranos befinden.

Der geographische Stadtschutz hatte sein Für und Wider. Die Flussnähe stellte seine Hauptbedrohung dar und war Ursache für die Zerstörung bedeutender Gärten, die sein eigenes Wasser hat wachsen lassen. Als typischer Fluss des mediterranen Systems hatte er einen stets schwankenden Wasserspiegel.

Zuletzt floss der Turia eigentlich nicht mehr durch Valencia, denn als er die Stadt erreichte, führte er praktisch kein Wasser mehr; sein Wasser war vom Bewässerungssystem und der Stadtversorgung erschöpft, bevor er seine Mündung erreichte. In nichts ist dieses Bild mit der Beschreibung, die der Botaniker Cavanilles noch im Jahre 1795 lieferte zu vergleichen: „Gefürchtet wird hier stets das Hochwasser, denn nichts hindert die Wassermassen daran, sich über die Gärten auszubreiten; doch tritt dies ein, wenn das Flussbett geschwängert ist und das Holz aus Santa Cruz und Moya zur Versorgung der Stadt heruntergebracht wird, dann sind die Schäden unberechenbar." Lang ist es her, dass der Fluss als natürliche Straße fungierte, die das Holz der Wälder aus dem Landesinneren herunterbrachte, damit es in der Stadt verarbeitet werden konnte.

Im Jahre 1957 zog der Stadtrat aufgrund der Hochwassertragödie im Oktober einen Schlussstrich und plante, mit dem sogenannten Plan Sur den Fluss aus dem Innenstadtbereich zu verlegen, was zugleich den Bau neuer Stadtumgehungsstraßen um die neuen Ränder bedeutete. Die Könige Spaniens stifteten der Stadt bei ihrem ersten Besuch während des Übergangs zur Demokratie die immense Oberfläche des Flussbetts von neun Kilometer Länge und 150 m Breite, damit das Leben in Valencia an Qualität und Sicherheit gewönne. So sah sich Valencia, das schon im Ruhme stand das Land

Der Paseo de la Alameda bildet einen weitläufigen Zugang zum Palacio Real (königlichen Palast) und folgt dem linken Flussufer. Zwei kunstvolle Springbrunnen schmücken die Eingänge dieses Wegs

der Gärten und Blumen zu sein, plötzlich einer Million Quadratmeter neuer Grünfläche für den öffentlichen Gebrauch gegenüber.

Technokratische Entwicklungsplaner erwogen über mehrere Jahre den Verlauf neuer Straßen durch das trockene Flussbett, doch schließlich gewann die Meinung der Bürger und der Umweltschützer überhand, das Gebiet ausschließlich der Freizeitplanung zu widmen.

Das alte Flussbett hat sich zur neuen Wirbelsäule der Stadt entwickelt, in einen Weg, der seine verschiedenen Stadtviertel und Bezirken, die sich zu linker und rechter Hand befinden, mit städtischem Leben anreichert. Als grüne Lunge und geräumiges Sportzentrum bietet es allen Vierteln die Möglichkeit, sich an einer permanenten Infrastruktur für Freizeit und Leben unter freiem Himmel zu erfreuen, eine Gelegenheit, die der Stadt vorher fehlte.

Der Stadtrat bot dem katalanischen Architekten Ricardo Bofill die Möglichkeit, ein allgemeines Bauprojekt für das Flussbett vorzulegen, um die hohen Erwartungen, die sich unter den Städtern gebildet hatten zu befriedigen. Schließlich konzentrierte sich seine technische Mitarbeit jedoch nur auf das neoklassische Umfeld nahe dem Palau de la Música. Die Ideen für andere Bereiche wurden von anderen Spezialisten in Angriff genommen. Für das Stadtdesign intervenierten valencianische Architekten, die sich in dem Büro Vetges Tu y Mediterrània gruppiert hatten. Man kann sagen, dass die selektive Bebauung des alten Turia Stück für Stück und bedächtig vonstatten ging.

Die letzten Bereiche, in die interveniert wurde, betreffen das am weitesten im Landesinneren befindlichen Flussbett, um den neuen Parque de Cabecera zu gründen und den gegenüberliegenden Bereich, nah der Mündung in die Ciudad de las Artes y las Ciencias. Heute verbleibt nur noch das Endstück des Flussbetts zu bebauen, das bis an die Hafenanlagen reicht. Die Ränder dieser Gebiete befreien sich immer noch aus den alten Fesseln der bisherigen Gewerbe- und Hafenbenutzung.

Das Wasser und das Holz, das der Turia jahrhundertelang schleppte, existiert heute nicht mehr und sein Platz ist von Grünflächen, Freizeit- und Sportanlagen eingenommen. Darüber hinaus haben sich auf der rechten und linken Seite des Flussbetts bedeutende kulturelle Räume entwickeln können.

 Gesamtansicht der Fußgängerbrücke Puente del Mar

Die Brücken

Die zwanzig Brücken, die die beiden Seiten der Stadt miteinander verbinden, sind unterschiedlichster Stile. Nach dem Bau der bedeutenden Brücken aus der Zeit der Gotik und Renaissance entstanden zehn weitere nach 1960 und sechs in den letzten Jahren, um den Verkehr zu absorbieren.

Von Westen nach Osten steht die moderne Brücke, Nou d'Octubre, eine der ersten Beiträge des Architekten Santiago Calatrava zur Erneuerung Valencias. Die darauffolgenden Brücken stellen Alleeverlängerungen dar. Die Puente San José und die der Serranos spiegeln die traditionelle Architektur wider. Die Pont de Fusta ist eine vielbelaufene Fußgängerbrücke. Auch die Puente de la Trididad umgibt ein Hauch Traditionelles. Die zu ihrer Zeit angesehenste ist jedoch die Puente Real, erbaut im 13. Jahrhundert, die den Monarchen gestattete von ihrem offiziellen Palast außerhalb der Stadtmauern, ins Stadtinnere zu gelangen.

Auf dem Rundgang folgt ein neuer Beitrag von Calatrava, die sogenannte Puente de la Exposición, im Volksmund auch „La Peinete" (der Kamm) genannt, ein Name, der auf die Schmückung für die Fallas anspielt, und die Puente de las Flores, ein ausgesprochener Luxus mit hohen Instandhaltungskosten, auf der tausende zu jeder Jahreszeit erneuerte Blumen die Vorliebe der Stadt für die Blumenkunst bestätigt.

Bild der spektakulären Brücke Puente de la Exposición vom Architekten Santiago Calatrava

Die Puente del Mar wurde von einem Hochwasser im 15. Jahrhundert zerstört. Man baute sie schnell wieder auf, denn sie bildete eine unverzichtbare Verbindung zum Hafenbereich. Vor einigen Jahrzehnten machte man sie zur Fußgängerbrücke und fügte ihr die Treppen bei

Die Puente del Mar war einst den alten Weg zum Hafen. Umgewandelt in eine reine Fußgängerbrücke erhebt sie sich über neoklassizistische Gärten und biete eine der anregendsten Ecken des modernisierten Flussbetts. Die Puente de Aragón ist der heutige Überbringer zur Küstenstraße, jedoch nicht der einzige, denn die Puente del Ángel Custodio und Reino de Valencia übernehmen dieselbe Aufgabe. Letztere hat Ideen aus der Rennaissance und des Art Deco umgesetzt. Im Volksmund wird sie die Brücke "De los Demonios" (Teufelsbrücke) genannt, wegen der Engel, die im Stile gotischer Wasserspeier an ihren vier Ecken hinunterstürzen.

Die Puente de Monteolivete stellt einen geeigneten Balkon dar, um die Stadt zu erforschen, während die geplante Puente del Grau, innerhalb des Komplexes, ebenfalls nach einem Entwurf Calatravas entstehen wird.

Gärten und Sportanlagen

Der Park Cabecera führt den länglichen biotopischen Fluss, in den sich der alte Turia gewandelt hat, an. Von neuerem Baujahr, mit einer Oberfläche von 150.000 Quadratmetern, ein Fünftel davon mit einem schiffbaren See ausgefüllt, erinnert dieses Gebiet daran, dass hier der Fluss seine Richtung wechselte, um zu einem sanftmütigen Teich gebändigt zu werden.

Auf der gleichen Strecke in Richtung Flussmündung befindet sich das Estadio de Atletismo, eine der neuen Sportanlagen. Der Jardín del Turia, der sich vor der Puente de San Jósé erstreckt, wird als städtischer Forstwald bezeichnet, da sich in ihm Baumarten der verschiedenen Landkreise angesammelt haben, sowie Arome- und Heilpflanzen. Auf der rechten Seite befindet sich der jahrhundertealte Jardín Botánico und der Jardín de las Hespérides. Zwischen den Brücken San José und La Exposición kann man unter anderem Rugby-, Baseball- und Fußballspielen beiwohnen.

Auf der Strecke am Paseo de la Alameda werden je nach Jahreszeit Volksfeste und Festzelten aufbebaut. Auch die großen Nächte der Schlösserfeuerwerke werden hier abgehalten. Die in der Nähe befindlichen öffentlichen Jardines de Viveros und Monforte gehören zum obligatorischen Besuch.

SDie nächste Station auf dieser grünen und von sportlichen Aktivitäten geprägten Strecke sind die neoklassizistischen Flächen, die vom Architekten Ricardo Bofill entworfen wurden: Zypressen, Palmen und Kiefern; Bäume, die zwischen den Teichen gepflanzt wurden, verwurzelt in einer klassischen Kultur.

In den neuen Gärten, die um die Ciudad de Calatrava herum angelegt wurden, öffnet sich die Stadt zum Mittelmeerhorizont.

15
3

EIN FLUSS DER KULTUR

Mit dem vielsagenden Spruch "Un Río de Cultura" (Kulturfluss) ist in Valencia eine neue Stadtroute entstanden, die seine herausragendsten kulturellen Ausstellungsräume in sich fasst. Die Route verläuft an den Ufern des alten Flusses, ergänzt durch die bereits erwähnten attraktiven Grün- und Sportflächen.

Am äußersten, der Küste entgegengesetzt liegendem Punkt der Strecke startend, kann der Besucher seinen Gang beim Museo de Historia de Valencia beginnen, gegenüber vom Parque de Caecera, das im alten Wasserspeicher der Stadt untergebracht ist. Hier kann er mit Hilfe von modernsten audiovisuellen Medien die Ursprünge der wesentlichen Veränderungen Valencias entdecken.

Die Puente de las Artes führt diesen Namen, da sie sich in der Nähe der international bedeutendsten Ausstellungsräume der Stadt befindet. Das Instituto Valenciano del Arte Moderno (IVAM) hat sich seit seiner Eröffnung in das Weltkunstgelände des 20. Jahrhunderts gewandelt. Diese von den valencianischen Architekten Emilio Giménez und Carlos Salvadores errichteten Räumlichkeiten verfügen über eine Sammlung mit über 7000 Werken und 2000 Fotografien, sehr „beredte“ Zeungnisse der Avantgarde-Bewegungen des 20. Jahrhunderts.

Das angrenzende Centro Cultura de La Beneficencia, das dem Bezirksrat untersteht, widmet seine Räumlichkeiten der Ethnologie, Vorgeschichte und traditionellen Kultur. Das Centro Carmen strebt seinerseits danach, das Museum des 19. Jahrhunderts in sich zu vereinen, nach dem es sich einige Jahre vollkommen der innovativen zeitgenössischen Kunst verschrieben hat.

In dieser Aufzählung der kulturellen Infrastruktur darf nicht das Casa Museo des Malers und Bildhauers José Benlliure fehlen, das mit zur wertvollsten Stadtdekoration gehört. Haus, Garten und Studio des Künstlers sind ein Beweis der architektonischen Erneuerung, die am Rande des innerhalb der Mauern stehenden Valencias entstanden ist.

Die Puente del Mar bietet dem Fußgänger angenehme Steinbänke; sie sind in die Brüstung eingearbeitet, die mit Heiligennischen, Pyramiden und Kugeln geschmückt ist

 Fassade des Centro Julio González im IVAM

 In ihren Sälen sind die Strömungen der künstlerischen Avantgarde vertreten

Ein weiterer Aussichtspunkt ersten Ranges ist das am linken Ufer des alten Flussbetts befindliche Museo de Bellas Artes San Pío V. der mittealterlichen und modernen Kunst. Dem Wesen nach eine nationale Pinakothek bietet es die Möglichkeit, sich einen unbeschränkten Einblick in die verschiedenen Epochen der universellen Kunstgeschichte zu verschaffen. In dem vergrößerten Raum dieses traditionellen Museums, das sowohl innen als auch außen eine wunderschöne blaue Kuppel aufzuweisen hat, kann man die Meister entdecken, die die besten gotischen, vergoldeten Tafelbilder zu einer bedeutenden Epoche der Stadt, dem 15. Jahrhundert, gemalt haben. Hier sind unter anderem Werke von Juan de Juanes, Ribera, Velázquez, Goya, Pinazo und Sorolla zu sehen.

Kunstmusik können die Valencianer in zwei Auditorien genießen, die in eben diesem Kulturfluss gebaut sind. Der Palau de la Música, der Kommunalverwaltung unterstehend und Sitz des valencianischen Orchesters, programmiert Zyklen großer Orchester und Schauspieler, die aus der nationalen und internationalen Musikszene bekannt sind. Der Architekt José María García de Paredes entwarf das im Jahr 1987 eingeweihte Gebäude. Der Palau de les Arts, der Generalitat Valencias unterstehend, erweitert dieses Angebot mit einer regelmäßigen Opernsaison, großen Orchesterformationen und zusätzlichen Ballet- und Theateraufführungen.

Das von Kindern bevorzugte Gelände ist der Park Gulliver, in dem sie Zwerge sind, wenn sie durch die enormen Beine und Arme eintreten und sich in Riesen verwandeln, sobald sie weiter ins Innere vordringen und eine Miniaturnachahmung Valencias betrachten. Die 296 Quadratmeter große Skulptur, inspiriert von der Romangestalt des Schriftstellers Jonathan Swift, wurde vom Falla-Künstler Manolo Martín hergestellt.

Der Weg durch den neuen Kulturfluss endet, wie er begonnen hat, mit der Stadtgeschichte. Das Museo Fallero gibt einen Eindruck von den traditionellen kreativen schönen Künsten. In einem alten Kloster der Padres Paules befindlich, beherbergt es die Sammlung der Ninots (Skulpturen aus Karton), die jedes Jahr vom Feuer freigesprochen werden.

Der Fluss der Kultur wird von diversen „Kulturcontainern" ergänzt, die man in Räumen gotischer, barocker und neoklassizistischer Kunst errichtet hat, welche nicht mehr ihre ehemalige Funktion ausüben.

 Im Gulliver-Park werden die Kinder zu Zwergen

◄ *Die Kuppel des San Pio V-Museums ist eine Wiedergabe der Himmelskuppel*

Der Spätromanik und die erlesenste Gotik zeigen sich in all ihrem Glanz im El Almudín und den alten Atarazanas am Hafen. Beide Räume sind temporären Ausstellungen gewidmet. Die fünf rechteckig gebauten Hallen sind ein Beispiel gotischer Kunst, die in den Dienst der Bedürfnisse der Fischer und Händler gestellt wurde, um ihre Ware zu lagern und Schiffe zu bauen. El Almudín ist seinerseits ein Gebäude aus dem 13. Jahrhundert, das auf eine arabische Festung gebaut wurde und als Getreidespeicher diente.

Das ehemalige Kloster Monasterio de San Miguel de los Reyes ist viel mehr als ein Ausstellungsraum. Es ist offizieller Sitz der Bibliothek von Valencia in Erinnerung an die kulturelle Zuneigung, die die Vizekönige Valencias, Germana de Foix und der Herzog von Calabria zwischen diesen Mauern bewiesen haben. Erbaut im 16. Jahrhundert nach dem im Renaissancestil gezeichneten Entwurf Covarrubias und über eine alte Mercedarierabtei gebaut, war ihr Bau stets eindeutig nach dem Kloster El Escorial empfunden. Der strenge Kreuzgang ist von Bogengalerien umgeben. Nachdem es vorerst den Absichten der Vizekönige gerecht wurde, ihre Bücher und sterblichen Reste aufzubewahren, wandelte sich das Kloster später in ein Asyl und daraufhin in ein Gefängnis. Von der Zerstörung verschont geblieben ist es heute ein privilegierter Kulturraum am Stadtrand, der sich im ständigen Dialog mit der Stadtvergangenheit befindet.

 Die klassizistischen Gärten am Fuße des Palau de la Música

 Die große Glaskuppel des Palau verwandelt sich nachts in eine eindrucksvolle überdachte Galerie

175 *Das Spiel von Licht, Wasser und Geräuschen in den Gärten des Palau*

Mit geringeren monarchischen architektonischen Ansprüchen gebaut und im Altstadtzentrum befindlich steht der Convento del Carmen, der alte Sitz des Museo de Bellas Artes und bis Ende der 70er Jahre Gelände der Escuela de Bellas Artes. Auch seine gotischen, renaissancistischen, barocken und neoklassizistischen Mauern spiegeln die Künste aller Zeiten wider. Zuerst wandelte es das IVAM in seinen zweiten Sitz, um die jüngsten und leidenschaftlichsten Autoren der bildenden Künste zu zeigen. Dieser radikale Dialog zwischen Tradition und Moderne hat sich beruhigt, indem sich der Raum auf die valencianische Kunst des 19. und Anfang des 20. Jahrhunderts spezialisiert hat.

Das Inventar der Kulturstätten, deren Wurzeln bis in die Vergangenheit der Stadt reichen, sind heute im Kulturzentrum La Nau und im Palacio del Marqués de Dos Aguas wiederzufinden. Der neoklassizistische Bau von La Nau beherbergt die Schöpfungsgeschichte der ersten, vor 500 Jahren gebauten Universität von Valencia. Die Statue des Humanisten Luis Vives, die auf dem Innenhof verankert ist, stellt den europäischen Einfluss auf die valencianische Kultur dar, allein schon durch den Umstand, dass er im Schatten Erasmus' von Spanien aus nach Frankreich und England fliehen musste. Ganz in der Nähe dieses Universitätszentrums ziehen der barocke Stil und Luxus des Palacio del Marqués de Dos Aguas die Neugier unzähliger Besucher an, die diesen Ausstellungsraum zu einem ihrer liebsten erkoren.

Das der Provinzverwaltung unterstehende MUVIM (Valencianisches Museum der Illustration und Moderne) von Guillermo Vázquez Consuegra, eingeweiht im Juli 2001, sowie der Palau de les Arts Reina Sofía, ein Werk von Santiago Calatrava, eingeweiht im Oktober 2005, sind die neuesten künstlerischen und musikalischen Errungenschaften im Kulturangebot Valencias, einer Stadt, die sich auch im Bereich Bühnenkunst und Kino einer kulturellen Infrastruktur rühmen kann, die einer kosmopolitischen und europäischen Stadt würdig ist.

 Im San Pio V-Museum sind die schönsten und bedeutendsten gotischen Gemälde Valencias ausgestellt

DIE STADT DES 21. JAHRHUNDERTS

Valencia, gespeist von der künstlerischen Schönheit der Lonja de Mercaderes, dem Micalet und dem Palau de la Generalitat, hat sein Bild von einer gotischen und mittelalterlichen Stadt dank der mächtigen Präsenz der verschiedenen Stadtkonzepte ändern können, die an der Schwelle zum 21. Jahrhundert von Architekten und Stadtplanern wie Santiago Calatrava, Norman Foster, Guillermo Vazquez Consuegra, David Chipperfield, Félix Candela, Jean Nouvel, Kazuyo Sejima und Ryue Nishizawa gezeichnet wurden.Bein dieser Aufzählung darf auch Ricardo Bofill nicht fehlen, denn obwohl er nur im Flussbereich des Palau de la Música intervenierte, war er der erste Architekt, der schon lange vor dieser Zeit Ideen für die Gestaltung des Gartens am Turia beisteuerte. Der Sprung ins neue Jahrhundert, den sich die Stadt vorgenommen hat, bewirkt, dass die Architekten und Stadtplaner all ihre Ideen und Projekte vorgestellt und durchgeführt haben und sich nun um das Mitwirken an der zukünftigen Entwicklung dieses Valencias reißen, das heute alle Ereignisse mit großer Geschwindigkeit lebt.

Die Menge an internationalen Architekten finden in diesem Dualismus von Altem und Neuem den Ursprung ihrer Projekte. Die japanischen Sanaa-Architekten entwerfen die Schale des IVAM in Erinnerung an die Spaziergänge im Schatten der Bäume Valencias, um der heißen Mittelmeersonne auszuweichen und ahmen die besondere Atmosphäre im Inneren der gotischen Kirchen und der Jugendstilmärkte nach. Der Valencianer Santiago Calatrava, geboren auf einer der Obstplantagen der Stadt, braucht nur seine Kindheitserinnerungen wach zu halten, um den Trencadís zu einem Kunstwerk zu erheben, all seinen Bauten viel Gartenwasser beizufügen und aus der Farbe Weiß und den Schattennuancen sein chromatisches Profil zu schaffen. Calatrava sieht drei Wolkenkratzer mit spiralförmigem Design für die gotischen Säulen von La Lonja vor. Norman Fosters größtes Anliegen sind das Licht, die mediterrane Helligkeit und die Sonne. Jean Nouvel reflektiert die Stadt von der Mündung des trockengelegten Flusses aus neu und sucht eine neue trichterförmige Flussmündung, die die Küste erneuert und die Zugänglichkeit zu den Stadtstränden stärker betont.

Das derzeitige Wachstum der Stadt ist durch zwei große Linien beschränkt; die eine geht in ost-süd-östliche Richtung und strebt die Erweiterung der Stadt bis zum Meer an, indem die Gartenparzellen in Wohngebiete gewandelt werden, nachdem das 370.000 Quadratmeter messende weite Industriegebiet, das in diesem Gebiet angesiedelt war, beseitigt ist. Die andere Wachstumsachse verläuft praktisch auf der gegenüberliegenden Seite, gen Norden und Nordwesten. Die Umstrukturierung des Hafens und der

Bau der Ciudad de las Artes y las Ciencias sind die Haupteingriffe, über die sich die Stadt von östlicher Richtung aus dem Meer nähert. Der Palacio de Congresos und die Eröffnung der neuen Avenida de las Cortes Valencianas, in deren Mitte die große Skulptur der Dama Ibérica des Künstlers Manuel Valdés prangt, erfüllen den gleichen Erschließungszweck, nur in nördlicher Richtung, wo sich die traditionellen Plantagen ebenfalls auf drastische Art reduziert sahen.

Valencia wird sich in Zukunft noch einer neuen Herausforderung gestellt sehen: Die Umwandlung der im Stadtzentrum frei werdenden 800.000 Quadratmetern in eine Grünfläche, jener Fläche, die heute von der Bahnstation Estación del Norte und ihrem komplexen Schienensystem eingenommen wird, um sie in Zukunft in den geplanten Parque Central zu wandeln. Das Projekt sieht vor, die Bahnstation in den Untergrund zu verlegen, um so die derzeitige Strangulierung des Stadtlebens zu vermeiden, das im Zentrum und im Süden der Stadt stets Bahnübergänge, Tunnel und Brücke notwendig gemacht hat, um von einer Seite der Bahnschienen auf die andere zu gelangen.

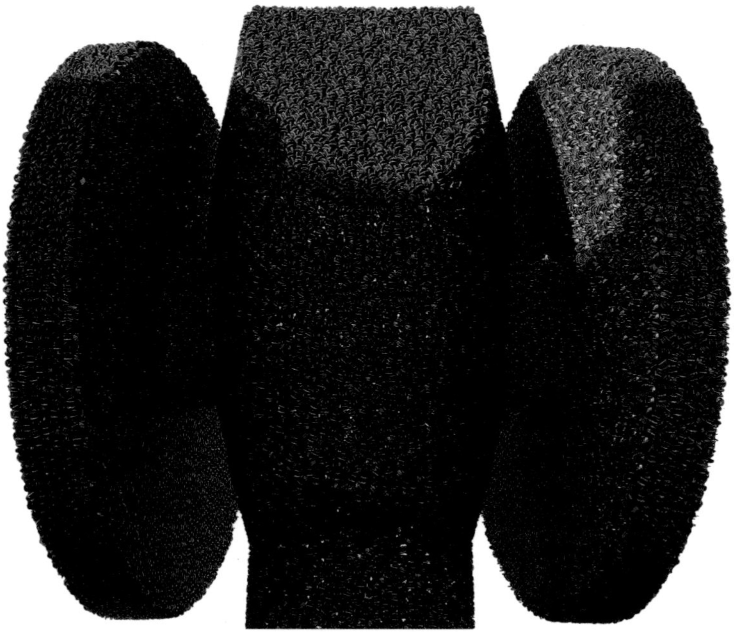

Die Skulptur von Valdés besteht aus 22 000 kleinen Teilen aus Keramik (Steingut)

LA PALACE

Der Kongresspalast

Die Hauptstadt des Turia ist eine der bevorzugten Orte Spaniens, um Messen, Kongresse und Versammlungen abzuhalten. Allein der Bereich der Industrie- und Landwirtschaftsproduktion sowie die Gewerbetätigkeit im Gebäude der Feria Valencia, nahe dem Norman-Foster-Gebäude, bieten jährlich an die fünfzig Messen, die von eineinhalb Millionen Fachleuten und an die 12.000 Unternehmen besucht werden. Auch die unzähligen wissenschaftlichen, kulturellen und politischen Kongresse, die diese Stadt zu ihrem Sitz machen, sind umfassend und interessant. Das Ayuntamiento hat versucht, diesen Nachfragen und Erwartungen gerecht zu werden, indem es diese neue Infrastruktur vorantreibt, die des 21. Jahrhunderts würdig ist.

Der Kongresspalast, der örtlichen Verwaltung unterstehend, war vom Britten Foster als ein Wachstumsmotor geplant, den Valencia für seine nördlichen Zonen brauchte und, als Beweis seines architektonischen Könnens, passt es sich an die Bedürfnisse der mediterranen Kultur an. Das Gebäude ist von offenkundig horizontalem Design und erhebt sich leicht an seiner Fassade, um das ganze Licht und die Wärme, die die Stadt anzubieten haben, aufzufangen. Seinem Nutzen und der Modernität seiner Salons und Innensäle muss man noch die attraktiven siebentausend Quadratmeter Außenfläche hinzuzählen, die einen Teich, eindrucksvolle Rosensträucher, Brunnen und einen großen Baumbestand umfasst.

Die horizontale Ausrichtung des Palacio de Congresos steht in beachtlichem Gegensatz zu der Höhe der neuen Gebäude und Hotels, die an der Allee stehen, angezogen von dem Werk Fosters. Der Maler und Bildhauer Manuel Valdés, wohnhaft in New York, hat die kulturelle Bedeutung dieses Gebiets bereichert, indem er in einem Rundbau, der in Zukunft den Eingang zum neuen Fußballstadion des valencianischen Klubs CF Valencia markieren wird.

Die Stadt der Künste und Wissenschaften

Der beeindruckende Stadt- und Freizeitkomplex, den die Generalitat von Valencia seit Beginn der 90er Jahre antreibt, sieht vor, Valencia in die europäische Riege jener Städte zu katapultieren, die den Zug der Moderne antreiben. Als die großen architektonischen Interventionen Form und Verwaltungsdimensionen annahmen, sah sich Valencia ausgeschlossen vom großen strategischen Dreieck, das '92 zwischen Barcelona, Sevilla und Madrid, zwischen der Olympiade, der Expo und der europäischen Hauptstadt entstanden war. Die valencianische Regierung förderte die Initiative Música '92, um ihr Bestreben zu bekräftigen, Teil der internationalen Veranstaltungen zu sein und gab Calatrava gleichzeitig unbeschränkte Vollmacht, um die neue Stadt in Angriff zu nehmen.

Obwohl eine beschränkte Anzahl an Architekten an der Gestaltung der Ciudad mitgewirkt hat, gilt als Urheber des globalen Projektkonzepts der Valencianer Santiago Calatrava, der über die großen Eckpfeiler der Stadt der Zukunft keine Zweifel lassen wollte: Die Wissenschaft, die Kultur und die Freizeit, gelebt in einem Umfeld, das von Wasser und Natur geprägt ist.

Der Einweihungsdaten nach muss die Aufzählung der Gebäude mit dem L'Hemisfèric beginnen, das 1998 eröffnet wurde. Es stellt ein überdimensionales menschliches Auge dar, das beobachtet, wie ein Teich von 24.000 Quadratmeter Umfang sein Bild reflektiert. Unter seiner halbkugelförmigen Pupille befindet sich der Kinosaal IMAX. Das Augenlid und die Wimpern können sich dank intelligenter Technik bewegen, schließen oder öffnen.

Das Wissenschaftsmuseum *Museo de les Ciencias Príncipe Felipe* umfasst 42.000 Quadratmeter, verteilt über fünf Stockwerke, die mit unzähligen temporalen und festen wissenschaftlichen Ausstellungen gefüllt ist. Große Bögen von bis zu 40 Meter Höhe geben diesem Gebäude den Aspekt eines riesigen Diplodokusskeletts, das in seinem Inneren die meistempfohlensten didaktischen Spiele beherbergt, um Kleinen und Großen die Wissenschaft näher zu bringen. Das Wasser, das auch dieses Gebäude umgibt, gestattet, seinen Widerschein im Teich reflektiert zu sehen.

Die dritte Einheit des Freizeitkomplexes ist das *Oceanogràfic*, eine regelrechte Unterwasserstadt, erschaffen vom Architekten Félix Candela. Sie ist von 45.000 Tieren bewohnt, die in 42 Millionen Liter Wasser leben. Dieses großartige Aquarium, das größte Europas, ist in zehn große Bereiche aufgeteilt, die die verschiedenen Meeresökosysteme der Welt darstellen. Es ist der meistbesuchteste Bereich der *Ciudad*. Die akrobatischen Aufführungen, die die Delfine vollziehen, um die Besucher zu empfangen, rufen wahre Begeisterung hervor, so wie auch der Saal, dessen Entwurf auf das große Aquarium des Roten Meeres ist.

L'Umbracle stellt die Eingangshalle zu dem Komplex dar und ist über den Parkplätzen gebaut. Auf dieser Grünfläche von 7.000 Quadratmetern schlängelt sich ein Spazierweg, vorbei an Skulpturen von u.a. Yoko Ono und dem Valencianer Miquel Navarro.

Der gesamte *Palau de les Arts Reina Sofia* verdient die Bezeichnung „großartig". Am Scheitelpunkt des Freizeitzentrums befindlich, gleicht er einem Schiffsbug, der auf einem Trockendock festsitzt, oder er scheint einem gigantischen trojanischen Helm ähnlich. Bei den Entwürfen Calatravas scheint an erster Stelle die Form zu stehen, die bildhauerische Wahrnehmung, und erst dann die technische Entwicklung.

Der Konzertsaal wurde im Oktober 2005 eingeweiht und ist der Oper, den Musiksymphonien und dem Ballett gewidmet. Er kann bis zu 4.000 Zuschauer auf einmal aufnehmen, verteilt auf den Hauptsaal, den oberen Konzertsaal, den Unterrichtssaal und den Kammertheatersaal. Geschützt unter einem großen metallischen Wasserfall liegend, überzogen mit weißem Trencadís, verfügt es über vorspringende Bühnen mit Gängen und Blumenornamenten sowie großen Fenstersälen, um sich an der äußeren Umgebung zu erfreuen.

Das sechste Gebäude des Komplexes, das *Àgora*, befindet sich noch im Bau. Das Mehrzweckgebäude soll Kongresse, protokollarische Handlungen und Ausstellungen beherbergen, es soll 70 Meter hoch werden und aus Wirbeln bestehen, so wie man es von Calatrava gewöhnt ist, mit zwei beweglichen seitlichen Abdeckungen als Flügel. Es soll eine Hommage des neuen Valencia an den Flug der weißen Taube – das Friedenssymbol – sein.

VALENCIA, STADT DES MEERES

Die Stadt scheint das Mittelmeer erst in den letzten Jahren wahrgenommen zu haben, obwohl es bereits vor vielen Jahrhunderten von den Bewohnern dieser Breitengerade für den Fischfang, den Handel und die territoriale Ausbreitung entdeckt wurde. Tatsache ist, dass man heute zwischen einem guten Hotel an der Stadtküste und einem interessanten Restaurant wählen kann, während der Aufenthalt früher nur vorübergehend war, auf einen Sprung, für einige Stunden. Der Stadtbewohner ging zum Meer, um sich an einem Strandtag zu erfreuen und eine Paella mit der Familie zu essen.

Der neue Paseo Marítimo, die großzügigen Strandparkplätze, die Umgestaltung der traditionellen Restaurants, die Umwandlung des alten Heilbads Las Arenas in einen Hotelkomplex, die grundlegende Umgestaltung des inneren Hafenbeckens sowie der Bau der Untergrund- und Stadtbahn sind nur einige der wesentlichen Verbesserungen, die die Küstendörfer mit der Weltstadt verbunden haben.

Der Hafen- und Fischereibetrieb befand sich ursprünglich in diesem Teil der Stadt. In dem Dorf Grao, das sogar eine Festung hatte, wurden Schiffe gebaut und repariert und der Handel kontrolliert. Im Stadtviertel Cabañal, mit langen Straßen, die parallel zum Strand verlaufen, schuf die Fischerzunft ein volkstümliches und extravertiertes Leben, das vollkommen im Gegensatz zum eher konventionellen und konservativen des Altstadtzentrums von Valencia stand.

Der Botaniker Cavanilles beschrieb seine Beobachtungen dieser Gegend in der Sprache des 18. Jahrhunderts folgendermaßen: „Der Strand von Grao besteht vollkommen aus Sand und fällt leicht ab. Hierher kommen die Menschen aus der Großstadt um sich zu baden, ein beliebtes Zusammentreffen, das jenes Gelände belebt, das an sich schon durch das Wogen des Wassers und der zu beobachtenden Schiffe interessant ist. Die vergangenen Jahre gingen und kamen zugleich an einem Tag... Viele, von der Frische und Unterhaltsamkeit des Ortes angezogen, bleiben sogar für einige Tage und quartieren sich für gewöhnlich in den Fischerhütten ein."

Der Malvarrosa-Strand

Der Name dieses sich nördlich des Hafens befindlichen Strandes gehört zu einer Pflanze, aus der Essenzen zur Parfümherstellung gewonnen werden. Der Ort ist stark mit der literarischen Tradition des Schriftstellers und politischen Anführers Vicente Blasco Ibañez und dem Spätimpressionisten Joaquín Sorolla verbunden, die Anfang des 19. Jahrhunderts, den Gewohnheiten des örtlichen Bürgertums folgend, das den Sommer am Strand verbrachte, wunderbare kreative Stunden an diesem strahlenden Horizont verbrachten. Blasco ließ hier, auf das Meer blickend vom großen Balkon seines Ferienhauses aus, das heute in sein Hausmuseum gewandelt ist, vor einem Marmortisch sitzend und umgeben von zwei Karyatiden, seinen literarischen Fabeln freie Zügel.

Der saubere, über 35 Meter voll verfügbare Sandstreifen und der Komfort der beachtlich langen Strandpromenade gestatten, sich zu den schönsten Jahreszeiten an endlosen Sonnenstunden und einer angenehmen Nachtbrise zu erfreuen. Die ersten morgendlichen Sonnenstrahlen erheben sich über dem Meer, bereit die Haut zu erwärmen und zu bräunen. Die Meeresgemälde Sorollas, inspiriert von diesem Strand, übermitteln auf deutliche Weise Hitze und Farben der valencianischen Küste.

Der Malvarrosa-Strand bildet einen Teil der Siedlungen am Meer, die sich über die Viertel Nazaret (südlich des Hafens), Cabanyal Canyamelar (zur Erinnerung ans Zuckerrohr) und Malvarrosa erstrecken. Ein Spaziergang durch die langen, geradlinigen Straßen des Cabanyal führt den Besucher in eine volkstümliche Architektur ein, die bunte Keramiken mit künstlerisch geschreinerten Türen und Fenstern und Schmiedearbeiten beachtlicher Qualität verbindet.

Die Wasserskulptur an der Strandpromenade von La Malvarrosa

Das Heilbad Las Arenas, heute umgewandelt in einen luxuriösen und großräumigen Hotelkomplex, ist eine Nachahmung der offenen Wellenbäder der französischen Costa Azul mit geschützten Ecken, in denen Frauen ungestört sonnenbaden können. Eine weitere antike Einrichtung, das Thermalbad Casablanca, ist heute eine gut besuchte Diskothek für Feiern und verschiedenartige Veranstaltungen. Der Paseo de Neptun stellt die gastronomische Arterie dieser Gegend dar, um zwischen unzähligen Restaurants auszuwählen, in denen die begehrte Paella, ausgezeichneter Fisch und schmackhafte Muscheltiere Valencias verzehrt werden können. Die Viertel dieser Gegend haben einen sehr volkstümlichen Charakter, der sich in den farbenreichen Verzierungen der Häuserfassaden widerspiegelt, die den Zweck haben, die Wohnungen voneinander zu unterscheiden.

Coca-Cola

 Wohnungen mit Erdgeschoss und erstem Stock sind in den Orten am Meer der natürliche Lebensraum

 Die volkstümliche Architektur imitiert diverse ästhetische Ideen des Jugendstils

 An der Küste von Valencia wird reichlich gute Gastronomie geboten

Spiele im Sand, wo die Fisherboote liegen

Der Hafen

Das Edificio del Reloj hat die Funktion eines Hafenwachturms, der nicht nur die Uhrzeit verkündet; er ist auch das bekannteste visuelle Merkmal, um den 1676 von Tomás Güelda entworfenen alten valencianischen Hafen auszumachen. Tausenden von Reisenden, die in die Stadt gekommen oder die abgereist sind, hat sich der Anblick der Stunden, die diese Uhr anzeigt ins Gedächtnis geprägt.

Auf der Rückseite dieses im Stile eines französischen Pavillons gebauten Gebäudes stehen, umgeben von den modernen Gebäuden der Hafensäulengänge, die alten Atarazanas (Werften), prächtige Bekundungen bürgerlich-gotischen Baustils, die heute für Kunstausstellungen zur Verfügung stehen. In ihrem Inneren wurden unzählige Gewerbehallen gebaut.

Im inneren Hafenbecken befinden sich einige instand gesetzte Handelsschiffe, die 1910 im Jugendstil gebaut wurden, wie man an den farbenreichen Mosaiken und dem Gebrauch industrieller Materialien erkennen kann. Auch die alten Kräne zeugen von dem Kraftaufwand, der nötig war, um die Vorratskammern der Schiffe mit den Waren zu füllen. Der Jugendstilarchitekt Demetrio Ribes baute verschiedene Handelsdocks und Enrique Viedma 1930 das Edificio de Aduanas (Zollgebäude), die sich linker Hand des Edificio del Reloj und dem Hafenwasser zugewandt befindet.

Dies sind die architektonischen Zeugen der Stadtgeschichte, die zum Anlass des American Cup 2007 wieder instand gesetzt worden sind und die neue Aufgabe erfüllen sollen, am wichtigsten Schifffahrtssport der Welt teilzunehmen, um später am gewerblichen, sozialen und touristischen Leben des neuen Küstengebiets beteiligt zu sein, das im Hafenbecken gebaut werden soll, sobald die Wettkämpfe abgeschlossen sind. Auf diese Weise wird die Turmuhr, die bisher die Reisestunde anzeigte, in den nächsten Jahren die Zeit der abendlichen Besucher markieren, die sich in den Hotelkomplexen und Freizeitanlagen vergnügen.

Vorn die Jugendstil-Geschäftsstände am Hafen und im Hintergrund das Uhrenhaus, die historische Anlegestelle, wo man einst die Fahrscheine kaufte. Heute nutzt man das Gebäude bei offiziellen Akten und Ausstellungen

Der American Cup 2007

Der große Traum vom Valencia des 21. Jahrhunderts wird unter anderem genährt von der Wahl seines Hafens und seiner mediterranen Gewässer als Sitz des 32. American Cup 2007, der Formel Eins des internationalen Segelwettbewerbs. Das sportliche Ereignis, das älteste der Welt, das nach 152 Jahren angelsächsischer Hegemonie wieder in einer europäischen Stadt gefeiert wird, stellt eine unumstrittene Medienpromotion für Millionen von Menschen auf der ganzen Welt dar, vergleichbar mit der Übertragung von Olympischen Spielen.

Der Traum der neuen Stadt stellt die endgültige Umarmung des Stadtzentrums und seiner Küste dar. Die tiefgreifende Veränderung, die der Hafen durchmacht, hat es gestattet, ein neues Küstengebiet zu entwerfen, das mit seinem inneren Hafenbecken verbunden ist, dem ältesten des Hafens, damit die Segelschiffe durch einen 600 Meter langen Kanal direkt aufs Meer gelangen. Die Hallen avantgardistischen Stils, in denen sich die Mannschaftsbasen befinden, das Gästegebäude mit Terrassen, um den Wettbewerb aus der Ferne zu beobachten, das neue internationale Pressezentrum und die 600 neuen Ankerplätze sind nur einige der wichtigsten Neuerungen vom städtischen Gesichtspunkt aus.

Im südlichen Bereich des Hafens, in der Nähe der neuen Mündung des Turia, befinden sich die Anlagen des Real Club Náutico de Valencia, der 1903 gegründet wurde. Die Anlage misst 400.000 Quadratmeter und an seinen Bootsstegen werden die besten Kreuzfahrtflotten der Gemeinde Valencias beherbergt.

ALCATEL
Santande
endesa
LOUIS VUITTON
VUITTO
VALENCIA

Valencia stand für die Austragung dieser Begegnung mit 56 anderen Städten im Wettkampf. Ihre Dynamik und das Klima gaben schließlich den Ausschlag. Eine Durchschnittstemperatur von 17 Grad, Sonne rund ums Jahr und die Unberechenbarkeit seiner Windrosen machen die Einzigartigkeit Valencias aus. Auf dem Meer weht ein ständiger Wind. Er beginnt als West- oder Landwind bei Tagesanbruch, ändert gegen Morgen seine Richtung gen Norden und Osten und am Nachmittag spielt er sich zwischen Südosten und einem „Garbí“ ein. Ab 2008 wird am Hafen von Valencia auch ein großer Preis der Formel 1 von Europa ausgetragen; man legt dort in Stadtnähe, in der neuen nautischen Zone, eine fünf Kilometer lange Route an.

Das Gebäude für die Zuschauer und Gäste – getauft auf den Namen Veles e Vents (Segel und Wind) – wurde unter der Leitung des angesehenen britischen Architekten David Chipperfield in Rekordzeit errichtet. Sein Name ist eine Hommage an den mittelalterlichen valencianischen Dichter Ausìas March und an den Sänger Raimon, ebenfalls Valencianer, der Musik zu den Gedichten schrieb. Die langen und weitläufigen weißen Terrassen bilden einen riesigen Komplex mit Rängen für die erste Klasse, die von dort aus den Verlauf der Segelregatten verfolgen kann.

USA 76
ESP 67
ITA59
COMUNITAT

DON FERNANDO

TRASMEDITERRANEA

Feste in Valencia

Die Leidenschaft für das Feuer zeigt sich bei den valencianischen Volksfesten mit großer Intensität, mit praktisch derselben Lust, mit der das erste Fest im Jahr begonnen wird: die Pólvora (das Feuerwerk). Mit der Hitze der Lagerfeuer wird das neue Jahr empfangen, um am Tag des San Antonio Abad die bösen Geister zu befreien; mit Feuer und Feuerwerk werden die Rituale der Fallas begonnen, mit lärmendem Feuerwerk verlieren bei Festen die Mauren gegen die Christen und mit Strandlagerfeuern wird das Fest an San Juan (Johannisfeuer) gefeiert.

Die Volksfeste werden von den Valencianer extrovertiert und auf der Straße gefeiert. Auf ihnen zeigt man die regionalen Trachten, die Verkleidung, die traditionelle Aufmachung, um gesehen zu werden und um die Märsche zu bewundern, denn das Fest stellt eine Begegnung mit Nachbarn und Besuchern dar, bei dem man nicht zeigt, was man ist, sondern wie man gerne sein möchte und was man gerne hätte. Bei diesen Inszenierungen fehlt es nie an Musikbands, die den Paso doble und andere populäre Stücke spielen. Die Feste sind so gesehen ein Raum für Nachahmung und Fabulierung der alltäglichen Realität.

Ein weiterer Faktor ist die religiöse Komponente, bei denen die Feste einen ästhetischen Akzent auf die liturgische Pracht setzen, auf die Bekanntheit des Rituals, das gestattet sich mittels des Nahen am Fernen zu erfreuen, durch das Irdische am Himmlischen und verwandeln die religiöse Darstellung in eine Theaterinszenierung mit Schauspielern, Verkleidungen und Kutschen.

Die Volksfeste in Valencia sind eine weitere recht enthusiastische Möglichkeit, die Stadt und ihre Bewohner kennen zu lernen, denn die Wurzeln dieser Traditionen stecken nicht etwa in einer Verordnung oder Gemeindebestimmung, sondern entstammen ganz im Gegenteil dem Willen und Eifer der Bewohner und drücken sich in der ständigen Erneuerung ihrer festlichen Rituale aus.

CORPUS CRISTI (FRONLEICHNAM)

Die Fronleichnamsprozession bewahrt eine der verwurzeltesten Traditionen der Stadt. In ihr versammelten sich schon vor langer Zeit die verschiedenen Handwerkerzünfte mit den Zivilbehörden und Geistlichen. Darüber hinaus teilten die Mächtigen und das Dorf ihre Bewunderung für die Festumzüge, auf denen allegorische Gestalten aus dem Alten und Neuen Testament zwischen den Tänzen der Riesen und Figuren mit riesigen Pappköpfen zu sehen sind, in ursprünglichster mediterraner Tradition.

Vor der abendlichen Prozession, die 1355 seinen Anfang nahm, ziehen die Rocas vorbei, barocke Siegeskutschen, die als fahrbarer Untersatz für biblische Szenen dienen, die dem König Herodes, Adam und Eva und San Cristóbals gewidmet sind. Die Monstranz beendet die abendliche Prozession, gefolgt von ernster Musik, die von einer Soldatenkapelle gespielt wird.

Doch zuvor marschieren die Riesen und Pappfiguren mit langsamen Bewegungen vorbei. Ihnen folgen die Adler, die Träger der großen Osterkerzen (*Cirialots*), die Könige der Wappen, mit den Stadtfahnen – die berühmtesten biblischen Gestalten der Heiligen Schrift.

Eine der beunruhigendsten Präsentationen ist die eucharistische Tradition der Moma, ein Mann, der vollständig in Weiß gekleidet ist, mit Rock und Augenmaske, der die Tugend darstellt, umgeben von anderen Männern mit schwarzen Augenmasken, bunten Trachten und Holzstock, die die Todsünden verkörpern.

Der Festzug kommt aus der Kathedrale und zieht durch die traditionellsten und engsten Straßen des Altstadtzentrums, die in einem Meer von anregenden Aromen aus Blumen, Wachs, Weihrauch und Myrte untergehen. Am Vorabend des Feiertages zieht der Reiterumzug La Degollá durch die Straßen, in Anlehnung an die Enthauptung der unschuldigen Kinder in Jerusalem auf Anordnung von Herodes. Die Komparsen unterstreichen das Interesse der Kirche, volkstümliche Beiträge in diese Tradition einfließen zu lassen, um die biblische Botschaft mittels theatralischer Einlagen näher zu bringen. Die Vorbeiziehenden provozieren das Publikum und dies bewirft sie mit Wasser.

 Auch die Gemüsebauern nehmen an der Eucharistiefeier teil

 Die weiß gekleidete Moma ist eine der aufregendsten Persönlichkeiten der volkstümlichen Tradition

OSTERWOCHE DER SEELEUTE

Die valencianische Kultur ist nicht ausgesprochen prädestiniert, die großen transzendenten Aspekte des Daseins zu feiern. Das Jenseits, wenn es existiert, wird durch das Hier und Jetzt erfahren. Das Wichtigste ist, für den Tag zu leben und weder die Zukunft vorzubereiten, noch sich an die Vergangenheit zu klammern. Die Begeisterung fürs Spiel, das Gefallen am Vergänglichen, die Vorliebe fürs Verkleiden und den Lärm sind spezifische Merkmale des Festcharakters dieser Ortschaft. Aus diesem Grund betont die Semana Santa (Karwoche), die von den Fischervierteln für die ganze Stadt organisiert und ausschließlich hier gefeiert wird, hauptsächlich die barocken Aspekte der religiösen Liturgie und die theatralischste Seite des Leidenswegs und Auferstehung Christis.

Die 28 Laienbruderschaften der Junta Mayor sind die eigentlichen Protagonisten dieser Feier, die sich in den langen engen Straßen Cabañal und Canyamelar entfaltet, die parallel zum Meer liegen und in denen die vier Pfarrkirchen liegen (Nuestra Señora de los Ángeles, Cristo Redentor, Nuestra Señora del Rosario und Santa María del Mar), die diese Tradition unterstützen und erneuern.

Einer der wichtigsten Tage ist der Gründonnerstag. Am Nachmittag wird den Denkmälern ein gemeinschaftlicher Besuch abgestattet und die Procesiónes del Encuentro (Prozessionen der Begegnung) abgehalten: die Procesión de Antorchas (Fackelprozession) mit den Prätorianern und Büßenden und die Schweigeprozession (Procesión del Silencio). Am Karfreitag zieht der Cristo patrón del Cabañal in den ersten Morgenstunden zum Strand, um unter den ersten Sonnenstrahlen einen Leichenzug zu veranstalten. Kurz darauf werden hier die verschiedenen Christusstatuen versammelt. Mehrere Laienbruderschaften treffen sich am Meeresufer, um für den Frieden in der Welt zu beten. Am Nachmittag begleiten die Bruderschaften in Trauer gekleidet den ca. 6-stündigen Leichenzug. Der Jubel der Wiederauferstehung am Ostersonntag wandelt das Schwarz in Farben und die Kapuzen tragenden Nazaräer in biblische Gestalten. Besonderer Vorliebe erfreuen sich die Frauen der Bibelgeschichte und die Verkörperung der Jungfrauen durch junge Mädchen.

Die Fallas

Das Falla Fest, das ursprünglich den Frühlingsanfang feierte, indem alles Alte verbrannt wurde, hat sich heute in ein Riesenfest gewandelt. Alles findet hier in großen Dimensionen statt, paralysiert tagelang den Stadtverkehr und beherbergt tausende von Besuchern, die bereit sind, diese starken Emotionen zu durchleben. Gefeiert wird auf der Straße, unter klarem Himmel oder auf dem Platz in der sengenden Sonne im ständigen Gerempel mit tausend anderen.

Die Fallas, deren offizielles Programm am 1. Mai beginnt und am 19. endet, sind Beschwörungen an die allmächtige Sonne, dass ihre Hitze und Licht die Bodenerzeugnisse fruchtbar mache. Das Feuer wird von baumartigen Figuren genährt, die sich die Hitze zu Nutzen machen, um sich in etwas Neues zu wandeln. Es ist ein Ritual, das den Sieg über den Tod feiert und das neue Leben bejaht, das die Frühlingshitze in der Natur erzeugt.

Die Riesenfiguren, Fallas genannt wird, haben immer eine Geschichte zu erzählen, sind in verschiedene Szenen aufgeteilt, auf erklärenden Plakaten und im Llibret, einem geschriebenen Katalog mit den Inhalten der Fallas. Es ist eine Art Schwank ohne Handlung, eine statische Dramatisierung in der sich nur die Geschichte bewegt, nicht aber die Schauspieler. Die ausgewählten Themen lehnen sich treu an die Tradition der Satyr, Landgottheiten aus dem Gefolge des Gottes Dionysos, die ihre Verse mit Lüsternheit würzten. Diesen groben Humor machen sich die Falleros zu nutzen, um die Stadt, die Viertel, die Politik und die gesellschaftlichen Bräuche zu kritisieren. In Wirklichkeit üben sie während ein paar Tage zügellose Kritik, um dann später, nach dem befreienden Feuer, die bestehende Ordnung besser zu akzeptieren.

Das Fest hängt von der zahlreichen Beteiligung ab, denn der Etat, um eine Figur zu bauen sowie das Festaktprogramm, setzt sich aus den freiwilligen Beiträgen der Stadtbewohner zusammen, mit Ausnahme der Falla auf der Plaza del Ayuntamiento, die aus dem Gemeindehaushalt bezahlt

Blumengabe an die „Virgen de los Desamparados“ („Jungfrau der Schutzlosen“)

 Der Rathausplatz nimmt um die Mittagszeit die große Mascletá auf

wird. Die Falla-Komitees, von der in der Stadt allein an die vierhundert existieren, mobilisieren tausende von Personen, die in regionale Trachten gekleidet, in Reih und Glied durch die Straßen marschieren, von Musikkapellen begleitet. Somit ist es nicht nur für die Besucher ein unterhaltsames Fest sondern auf besondere Weise auch für die Stadtbewohner, die das ganze Jahr über in festlichen Vereinsbewegungen zusammenkommen. Jedes Komitee hat seinen Falla-Vorgesetzten, Präsidenten, Schatzmeister und andere Verantwortliche für die komplexe Organisation des Festes.

Die überdimensionalen Figuren, deren Schicksal es ist, in Flammen aufzugehen, sind das Ergebnis einer Jahresarbeit. Die Künstlerinnung der Fallas stimuliert eine ständige Arbeitskraft im handwerklichen Bereich, die sich in einen eigenen Industriezweig gewandelt hat und vielen Menschen einen Arbeitsplatz sichern. Auch die Pyrotechnik ist eine Handwerkstradition, die tief verwurzelt ist mit diesem Land und den Falla-Tagen, an denen es sein spektakulärstes Angesicht zeigt. Bis ins 14. Jahrhundert trug es den Namen griechisches Feuer, womit keinen Zweifel über seinen Ursprung besteht. In einigen Ortschaften der Gemeinde Valencias, wie Bétera, Godella und Moncada gibt es wahre Familiensagen, die diese Tätigkeit zu einer Kunst und einem eigenen Industriezweig erhoben haben.

Eine weitere Tätigkeit, die Arbeitsplätze schafft, ist die Herstellung der Tracht der Falleramänner und –frauen sowie die auffälligen Schmuckgarnituren, die die Frau auf dem Kopf trägt. An die Büste der iberischen Dame, die in Elche gefunden wurde, angelehnt, trägt die valencianische Frau auf ihrem Kopf zwei seitliche Kopfschmuckstücke und einen hinteren Schmuck mit vergoldeten Kämmen.

Die Falla-Künstler hüten mit einer gewissen Mystik das Design und die Einzelheiten ihrer Figuren, bis sich die großen Fallas in der Nacht des 15. März und einen Tag vorher die Kinder-Fallas auf der Straße einfinden. Am darauffolgenden Tag werden sie von einer Jury inspiziert, die ihr Urteil fällt darüber, welches die besten in den verschiedenen Kategorien sind, im Verhältnis zum finanziellen Aufwand für ihren Bau. Die größten und kostspieligsten Fallas befinden sich in einer speziellen Abteilung. Zuvor wird in der Exposición del Ninot durch Volksabstimmung entschieden, welche Skulptur

Zwei volle Nachmittage des umfangreichen Festprogramms der Fallas werden von der Blumengabe an die Virgen de los Desamparados ausgefüllt

233 *Beim Paella-Wettbewerb entstehen Essräume auf dem Gehsteig; man bereitet die Paellas auch draußen zu*

CORAZON

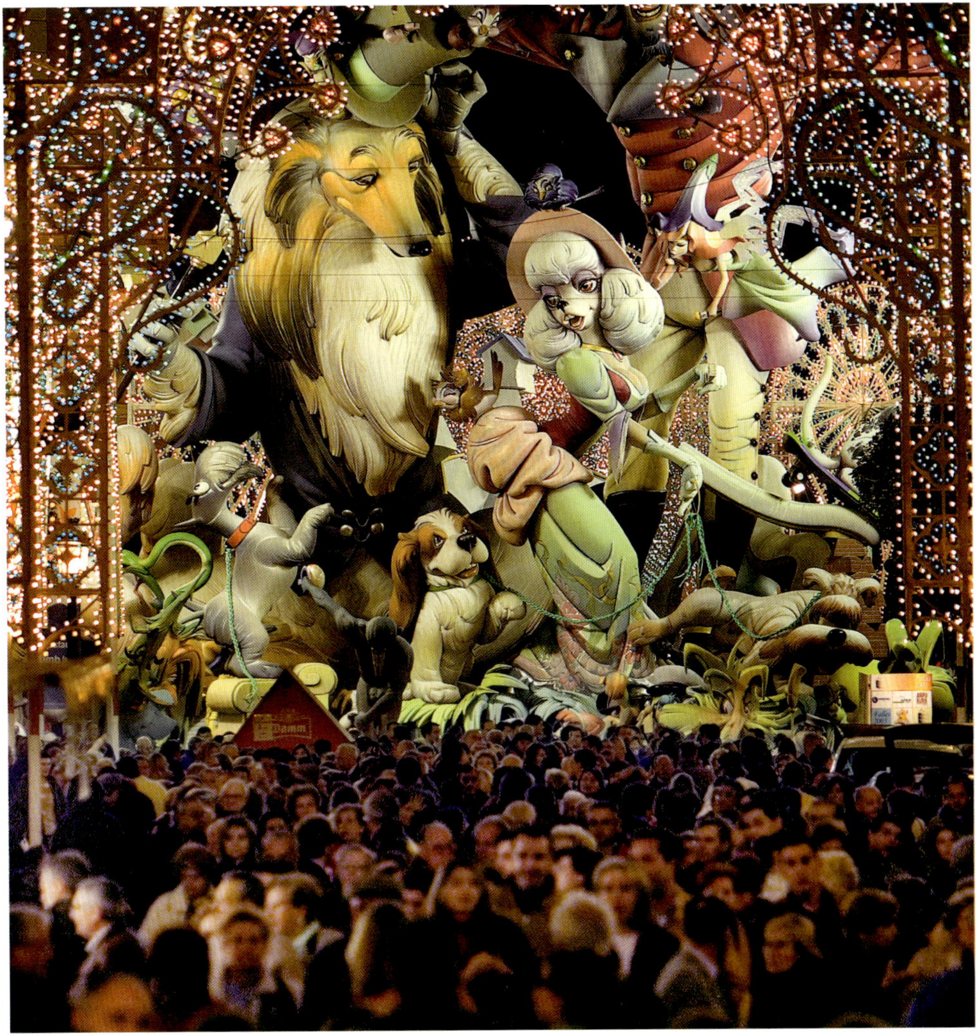
Damm

oder Skulpturengruppe in diesem Jahr vom Feuer freigesprochen und somit aufgrund seines künstlerischen Wertes den Bestand der Figuren des Museo Fallero vergrößern wird.

Zwischem dem 16. und 19. März, am Tag des San José, werden zahlreiche Straßen der Stadt für den Verkehr gesperrt, in denen die Fallas-Figuren aufgestellt und die Festzelte aufgebaut werden, in denen das Komitee die nichtöffentlichen Festakte vollzieht. Leuchtender Schmuck überdeckt die Straßen mit erstaunlichen Gewölben. Der Tag beginnt mit der Despertá, ein Ereignis bei dem die Falleros die Stadtbewohner mit Feuerwerklärm und Musik aufwecken. Später finden unzählige Märsche statt und werden die Preise verteilt. Mittags, zwischen ein und zwei Uhr, werden die Mascletá abgefeuert, ein lautes und begeistert gefeiertes Spektakel. Auf der dreieckigen Plaza del Ayuntamiento wird dieser Schuss am 1. März abgefeuert. Tausende von Personen versammeln sich um diese Stunde auf dem Stadtplatz, um sechs Minuten lang im Schießpulvergedonner zu erzittern. Es gibt einige Beschränkungen, die von den Veranstaltungsleitern auferlegt werden und die verbieten, dass der Lärm 115 Dezibel übersteigt und dass mehr als 120 Kilo Schießpulver verbrannt werden.

Tag und Nacht werden in den Casal Fallero, den Gesellschaftsräumen der Komitees, traditionelle Gerichte hergestellt, vor allem Paellas, auf offenem Feuer und mitten auf der Straße. Am Nachmittag des 17. und 18. werden der Virgen de los Desamparados Blumen dargeboten. Es finden Tänze und Wettbewerbe statt und am Abend beschließt der Tag mit dem Feuerwerk Castillos de Fuego. Die Nit de Foc ist das große Ereignis am Abend des 18., an dem man sich im alten Flussbett des Turia versammelt, um die pyrotechnischen Luftschlösser, die die Stadt künstlich mit riesigen Farbpalmen erleuchten, zu betrachten. Tänze und Konzerte beleben die Stadtviertel mit Lärm und lässt bis zum Morgengrauen niemanden schlafen.

Das Ende des Festes beschließt la Cremá, am 19., um Mitternacht. Mit der Verbrennung der Falla-Figuren inmitten von bunten Knallkörpern und Feuerwerk löst sich das Fest auf. In wenigen Stunden, mithilfe der Stadtreinigung und Feuerwehr, bleibt von diesen extrovertierten Tagen keine Spur. Wieder einmal sind die Anstrengungen eines ganzen Jahres belohnt worden, damit das Alte dem Neuen Platz schafft, das erst noch geboren werden muss.